(A) INVERSÃO DO ÔNUS DA PROVA NO PROCESSO DO TRABALHO

TEORIA DA DISTRIBUIÇÃO DINÂMICA DO ÔNUS DA PROVA – REFLEXOS DO PROCESSO CIVIL

1ª edição — setembro, 2013
2ª edição — fevereiro, 2017
3ª edição — junho, 2023

AUTORIA
JOSÉ CARLOS MANHABUSCO
AMANDA CAMARGO MANHABUSCO

LTr®

(A) INVERSÃO DO ÔNUS DA PROVA NO PROCESSO DO TRABALHO

TEORIA DA DISTRIBUIÇÃO DINÂMICA DO ÔNUS DA PROVA – REFLEXOS DO PROCESSO CIVIL

3ª EDIÇÃO
2023

LTr Editora Ltda.

Rua Jaguaribe, 571
CEP 01224-003
São Paulo, SP — Brasil
Fone (11) 2167-1101
www.ltr.com.br
Junho, 2023

Produção Gráfica e Editoração Eletrônica: GRAPHIEN DIAGRAMAÇÃO E ARTE
Projeto de Capa: DANILO REBELLO
Impressão: META BRASIL

versão impressa — LTr 6415.1 — ISBN 978-65-5883-237-9
versão digital — LTr 9888.3 — ISBN 978-65-5883-238-6

Dados Internacionais de Catalogação na Publicação (CIP)
(Câmara Brasileira do Livro, SP, Brasil)

Manhabusco, José Carlos

(A) inversão do ônus da prova no processo do trabalho : teoria da distribuição dinâmica do ônus da prova : reflexos do processo civil / José Carlos Manhabusco, Amanda Camargo Manhabusco. — 3 ed. — São Paulo, SP : LTr Editora, 2023.

Bibliografia.
ISBN 978-65-5883-237-9

1. Direito trabalhista 2. Ônus da prova 3. Processo (Direito) I. Manhabusco, Amanda Camargo. II. Título.

23-153413 CDU-347.941:331

Índices para catálogo sistemático:

1. Ônus da prova no processo protetivo do trabalho :
Direito processual do trabalho 347.941:331

Tábata Alves da Silva — Bibliotecária — CRB-8/9253

Acabo de concluir mais uma etapa do meu compromisso paternal.
Não foi nenhum sacrifício, mas, sim,
um caminho de muita alegria e satisfação.
Poder ladear com minha filha neste trabalho é algo
de compreensão superior.
Somente posso agradecer pelo carinho e incentivo recebido
por minha família: Margareth Camargo Manhabusco (esposa), Gianncarlo
Camargo Manhabusco (filho) e
Engracia Pereira do Nascimento (mãe por afinidade).

José Carlos Manhabusco

Dedico aos meus pais e ao meu irmão que, com muito carinho, amor e apoio,
não mediram esforços para que eu chegasse até esta etapa da minha vida.

Amanda Camargo Manhabusco

SUMÁRIO

APRESENTAÇÃO

Profícuo articulista com rica experiência acadêmica e profissional nas áreas cível e trabalhista, o Prof. José Carlos Manhabusco figurou como membro de bancas de concursos para magistratura do trabalho, ministério público estadual e delegado de polícia civil. É, ademais, membro da Academia de Direito Processual do MS.

Todas essas credenciais o habilitam a transitar, com bastante desenvoltura, por diversos domínios do Direito, com uma particular ênfase nas questões de especial relevância para a advocacia sobretudo trabalhista.

É a partir dessas virtudes que Manhabusco e a filha Amanda, Especialista em Direito e Processo do Trabalho, se prontificam a apresentar valiosas lições em torno de um tema com uma especial pertinência nos tempos que correm. Com efeito, todos os aspectos em torno da prova revestem-se de especial relevância para a atuação dos operadores do Direito, em uma época na qual as garantias processuais se apresentam como importantes balizas do Estado de Direito Democrático.

Trata-se de matéria situada, como se sabe, entre as fronteiras do Direito Material e do Direito Processual.

Os Autores iniciam sua obra com vital recapitulação de aspectos conceitos e taxonômicos, em um capítulo que se poderia qualificar como uma fase preambular a cumprir uma função epistemológica, de modo a pavimentar o caminho cognitivo para bem compreender os aspectos subsequentemente abordados.

Em seguida, dá-se a exposição de todo o corpo principiológico a nortear a hermenêutica em torno das regras acerca da produção da prova, desde os ubíquos princípios do contraditório e ampla defesa, passando pelo da unidade da prova, livre convencimento, imediação, ilustrativamente, até os princípios da aquisição processual e identidade física do juiz.

Passa-se, então, em revista as espécies de prova, abordando as especificidades do depoimento pessoal, da confissão, da perícia, da inspeção judicial, dentre outras. Trata, ainda da prova emprestada, a respeito da qual oferece algumas importantes lições.

A "tormentosa e atormentadora" discussão a respeito do ônus da prova figura como objeto de preciso delineamento técnico entre o quarto e oitavo capítulos do livro, com destaque para um exame detido da teoria da distribuição dinâmica, à luz da doutrina civilista e consumerista e suas implicações no Processo do Trabalho.

Os critérios de valoração da prova são apreciados de forma objetiva e didática no nono capítulo.

Em sua última parte, enfrenta uma matéria particularmente frequente nas demandas trabalhistas, que consiste na distribuição do encargo probatório nas ações acidentárias. Parte de algumas reflexões preliminares para, após abordar o conceito de acidente de trabalho, cuidar do pedido de inversão do ônus probante e alguns outros aspectos correlatos fundamentais.

A leitura fluida e agradável do texto ensejará ao leitor uma visão panorâmica, atualizada e consistente dos principais institutos, regras, conceitos e princípios em torno da prova, o que contribuirá para uma atuação mais segura e desenvolta de todos os profissionais do direito.

Gáudio Ribeiro de Paula

Advogado e Professor.

PREFÁCIO

Ao olharmos o passado, não muito remoto, da literatura jurídica, e a compararmos com os dias hodiernos, um fato é indiscutível: os temas vinculados ao direito material e processual do trabalho passaram a ocupar um espaço mais expressivo, a preencher prateleiras e mais prateleiras. A redescoberta desses temas parece-nos estar vinculada à estatura constitucional que se deu aos direitos sociais, incrustados nos direitos e garantias fundamentais, pela Carta Magna de outubro de 1988.

As alterações na Constituição, com a Emenda Constitucional n. 45/2004, apenas expandiram essas reflexões, sobretudo a partir da ampliação da competência da Justiça do Trabalho.

Muito se reflete, muito se escreve, muito se discute. Afinal, um domínio de ciência que está centrado na pessoa humana tem sempre a característica de ser inesgotável, à medida em que se modificam as necessidades e os interesses emergem. A civilização que está em contínuo fluir tem este reflexo, talvez inconsciente, nos ramos das ciências tituladas de sociais.

O trabalho conjunto do advogado e professor José Carlos Manhabusco e de sua filha Amanda se insere neste contexto.

Como o título revela, o livro trata do ônus da prova. E a prova, como sabemos, é o coração do processo.

Dentre os princípios do Direito Processual do Trabalho, dois se destacam por sua vinculação com o ônus da prova: o da adequação e o do tratamento desigual. Se o direito material do trabalho tem peculiaridades, obrigatoriamente haverá a adequação a estas singularidades pelo direito processual do trabalho. Esse direito, pelo seu caráter instrumental, deve-se conformar ao direito material.

Há manifesta desigualdade das partes na relação jurídica trabalhista. Um dos princípios fundamentais do Direito Processual do Trabalho é o do tratamento desigual, sendo que a índole do Direito do Trabalho mostra-nos que não tem a finalidade de realizar a justiça comutativa, mas sim a justiça distributiva.

O art. 818, único dispositivo no texto consolidado que trata expressamente do ônus da prova, não colide com o art. 333 do CPC. A aplicação subsidiária do dispositivo civilista está condicionada ao ajuste às especificidades do Direito Processual do Trabalho. No processo civil, a repartição do ônus da prova se inspira no critério da igualdade das partes. O preceito consolidado condensa toda a matéria, abrangendo tanto o ônus da ação quanto o ônus da exceção, e permite, graças a sua generalidade, as adaptações que se impõem pelas singularidades do processo trabalhista.

A inversão do ônus da prova é uma das peculiaridades do processo trabalhista, fenômeno justificado pela instrumentalidade do direito processual, de forma genérica, e nas particularidades do processo trabalhista, de forma específica. A inversão é inspirada em princípios de interesse social, sendo meio para se obter o equilíbrio processual, estabelecendo igualdade de condições entre as partes.

Torna-se possível a inversão do ônus da prova desde que haja incidência de alguns dos seguintes princípios: da aptidão para a prova, do *in dubio pro operario* e da pré-constituição da prova.

Válida sempre a lição de Carnelutti para quem o escopo do processo não é a simples composição, mas a justa composição da lide. Há de ser visto que o princípio da tutela, processualmente, está radicado na circunstância de o trabalhador ser normalmente o credor, diferentemente do processo civil em que o devedor é, geralmente, a parte mais frágil.

O ônus da prova, regra de julgamento, tem um caráter dinâmico, por poder sofrer variações no curso do processo, sempre em busca do ajuste aos princípios que o norteiam no processo trabalhista.

Esse riquíssimo e relevante tema recebe na pena dos autores um tratamento elogiável. Passeiam com precisão pela doutrina e ilustram o pensamento com julgados expressivos, sempre mantendo o fio condutor de suas reflexões por uma fina sensibilidade jurídica.

Estou convicto de que a discussão sobre o tema está enriquecida. Disso, certamente, os que tiverem o privilégio de folhear este livro irão perceber. A mim, o prazer e o privilégio de tê-lo lido antes e publicizar estas palavras que, se estimular a leitura, terão alcançado a finalidade.

Fevereiro de 2013

CARLOS ALBERTO REIS DE PAULA

Ministro Aposentado do TST, Conselheiro do CNJ,
Mestre e Doutor pela Faculdade de Direito da UFMG,
Professor Adjunto da UnB, Membro Titular da Academia
Nacional de Direito do Trabalho.

INTRODUÇÃO

A pesquisa do título utiliza parte dos fundamentos contidos no trabalho apresentado por Amanda Camargo Manhabusco à Banca Examinadora, por ocasião da defesa da monografia intitulada "Ônus da Prova no Processo do Trabalho", no Curso de Direito, da Universidade Federal de Mato Grosso do Sul, em Campo Grande, no ano de 2011.

Este trabalho traz à tona o estudo do ônus da prova e sua inversão no processo do trabalho com destaque para o procedimento nas ações de acidente de trabalho (doença ocupacional). Hodiernamente, no processo do trabalho, o ônus da prova é assunto em evidência entre os juristas. Isso se deve ao fato de que, dentro do conteúdo, muitas são as peculiaridades e os debates envolvendo o tema.

Primeiro, necessário se faz observarmos que o processo é o instrumento utilizado para que se concretize o direito material e para que se promova o acordo de conflitos. Desse modo, a análise deste instituto processual objetiva o entendimento de que simplificando e compreendendo a instrumentalidade do processo, o direito material será certamente mais facilmente atingido.

A pesquisa inicia-se abordando o assunto prova: verdade e prova. A verdade dos fatos alegados é o objetivo principal do Estado-Juiz. É exatamente essa busca pela verdade que proporcionará uma decisão justa. Tem a prova um papel fundamental no processo, pois é por meio de sua produção que os fatos serão comprovados e a convicção do julgador a respeito da pretensão posta em juízo formada.

Sendo assim, existindo uma verdade dentro das alegações sobre os fatos e sendo a prova, o meio pelo qual essa verdade será comprovada, ambos realizam o papel de propiciar ao juiz os meios para que profira uma decisão justa e satisfatória. O estudo também comporta os destinatários da prova, suas características principais, bem como seus meios e o objeto da prova.

No segundo capítulo, estão presentes os princípios probatórios e no terceiro capítulo as provas em espécie. Os princípios da prova direcionam todos os elementos do processo para a melhor solução da lide. Norteiam as atitudes do magistrado, das partes e dos auxiliares da Justiça. Merece destaque a não recepção pelo CPC/2015 do princípio da identidade física do juiz, que estabelece que o juiz que inicia a audiência de instrução seja o mesmo que profere o julgamento.

Em relação às provas em espécie, merece destaque a abordagem feita sobre a prova emprestada. Ela pode ser requerida de ofício ou pelas partes. Sua utilização visa o acesso, pelo trabalhador, de todos os meios legítimos de fazer prova e, consequentemente, do real acesso à Justiça. Destacando, também, que pode ser utilizada desde que seja respeitado o princípio do contraditório e da ampla defesa.

O quarto capítulo destaca o ônus da prova.

O quinto capítulo destaca a aplicação ao Processo do Trabalho.

A influência do Código de Defesa do Consumidor ao processo do trabalho consta no sexto capítulo.

O capítulo sétimo aponta o momento da inversão do ônus da prova pelo juiz.

O capítulo oitavo apresenta a Teoria da Distribuição Dinâmica do Ônus da Prova.

O ônus probatório nas ações indenizatórias por acidente de trabalho está no capítulo dez.

O ônus da prova constitui numa faculdade a quem foi incumbido. Tem a parte a prerrogativa de atendê-lo ou não, sob pena de, no julgamento, responder pela falta de prova a respeito de determinado fato.

Os dispositivos que orientam o Estado-Juiz quanto à distribuição do ônus da prova são os arts. 818, da CLT, e 373 do CPC/2015 (art. 333, do CPC/73).

Com o advento do Código de Defesa do Consumidor e suas inovações, mais precisamente de seu art. 6º, VII, é possível que o juiz determine a inversão do ônus da prova a favor do destinatário final de bens e serviços, de que "verossímil a alegação" ou "quando se tratar de consumidor hipossuficiente".

Enquanto a norma no Processo do Trabalho era silente, diante do contido nos arts. 8º, parágrafo único, e 769, da CLT, era absolutamente aplicável o disposto no Código de Defesa do Consumidor a essa área trabalhista, pois ao utilizar-se da inversão do ônus da prova, o juiz permitia que a parte mais vulnerável no processo pudesse ser equiparada à outra parte, ou seja, proporciona igualdade de oportunidades na produção de prova (p. ex.: na exibição de documentos). Logo, acabava conferindo plena efetividade à tutela jurisdicional.

Entretanto, o que preleciona o CDC é um tanto quanto limitador, haja vista que apenas nas hipóteses elencadas no artigo é que será possível a inversão. É justamente nesse ponto que um dos temas deste trabalho surge, isto é, a adoção da Teoria da Distribuição Dinâmica do Ônus da Prova no Processo do Trabalho.

A Teoria da Distribuição Dinâmica do Ônus da Prova consiste em retirar o peso da carga da prova da parte que se encontra em evidente debilidade de suportar o ônus de produzir a prova essencial ao deslinde do litígio, transmitindo-o sobre a outra parte que se encontra em melhores condições de produzi-la.

Essa é, em síntese, a essência da teoria, que se revela de extrema importância para o alcance de julgamentos mais justos e equânimes, sendo, portanto, necessária sua aplicação ao Direito Processual do Trabalho e com mais razão nas ações concernente ao acidente de trabalho equiparado (doença de natureza ocupacional).

Na 3ª edição, já com a recepção da Teoria pela Consolidação das Leis do Trabalho, procuramos destacar a sua aplicação e discorrer um pouco sobre o entendimento no Superior Tribunal de Justiça acerca da distribuição do ônus da prova.

Aproveitamos também para tecer reflexões sobre o critério de valoração da prova e das questões de Direito, acrescentando o 9º Capítulo.

É o processo justo em todos os sentidos.

1. PROVA

1.1. CONCEITOS

O conceito de prova, o objeto da prova, o *onus probandi*, os meios de prova, suas classificações e requisitos de admissibilidade, os critérios de valoração da prova são temas que pertencem à teoria geral do processo civil[(1)].

"*Prova* na linguagem jurídica, segundo a definição do Código Civil português, art. 2.404, é a *demonstração da verdade dos fatos alegados em juízo*. Poderíamos antes dizer: *é o conjunto dos meios empregados para demonstrar, legalmente, a existência de um ato jurídico*, ficando assim dentro dos limites do direito privado."[(2)]

Na visão do moderno doutrinador Carlos Henrique Bezerra Leite[(3)]:

> "Prova é todo meio retórico, regulado pela lei, dirigido a, dentro dos parâmetros fixados pelo direito e de critérios racionais, convencer o Estado-Juiz da validade das proposições, objeto de impugnação, feitas no processo".

A exigência da verdade, quanto à existência, ou inexistência, dos fatos, se converte na exigência da *prova* destes[(4)].

Do latim *proba*, de *probare* (demonstrar, reconhecer, formar juízo de), entende-se, assim, no sentido jurídico, a *demonstração*, que se faz, pelos meios legais, da existência ou veracidade de um fato material ou de um ato jurídico, em virtude da

---

(1) MOREIRA, José Carlos Barbosa. *Novo processo civil brasileiro*. 18. ed. Rio de Janeiro: Forense, 1996. p. 64.

(2) BEVILÁQUA, Clóvis. *Teoria geral do direito civil*. Apresentação de Caio Mário da Silva Pereira. 2. ed. Rio de Janeiro: Editora Rio, 1975. p. 245.

(3) LEITE, Carlos Henrique Bezerra. *Curso de direito processual do trabalho*. 8. ed. São Paulo: LTr, 2010. p. 543-544.

(4) SANTOS, Moacyr Amaral. *Primeiras linhas de direito processual civil*. v. II. 7. ed. São Paulo: Saraiva, 1982. p. 327.

qual se conclui por sua existência ou se firma a certeza a respeito da existência do fato ou do ato demonstrado. A prova consiste, pois, na *demonstração da existência* ou da *veracidade* daquilo que se alega como fundamento do direito que se defende ou que se contesta(5).

O saudoso Ministro do Tribunal Superior do Trabalho, Carlos Alberto Barata Silva, comentava que a prova é tudo que pode convencer o julgador da certeza de algum fato, circunstância ou proposição controvertida. E por essa razão, dentre as centenas de definições dos doutrinadores, preferência dava à de Mittermaier(6), de que "a prova é a soma dos meios produtores da certeza"(7).

O referendado Ministro adunava que "Razões sobrava a Bordeaux quando dizia que 'a teoria da prova', em geral, é um dos mais vastos assuntos abertos à investigação do espírito humano; a filosofia inteira nela se compreenderia, pois que ela mesma tem a finalidade o descobrimento da verdade..."(8).

Diz João Monteiro(9) sobre a prova:

> "Meio com que se estabelece a existência positiva ou negativa, do fato probando e como a própria certeza dessa existência", definindo-la: *prova é a soma dos atos produtores da convicção, apurados no processo.*

No dizer das Ordenações Filipinas, "a prova é o farol que deve guiar o juiz nas decisões" (Liv. III, Tít. 63) sobre as questões de fato.

Embora vários temas sobre a prova venham às vezes apontados na lei civil, trata-se de autêntica matéria processual porque falar em provas significa pensar na formação do convencimento do juiz, no processo. Mas o novo Código Civil invadiu radicalmente essa área, com disposições de caráter nitidamente processual, o que constitui um retrocesso científico (arts. 212 e s.) (10).

O raciocínio dos citados autores possui pertinência e relevância, uma vez que não se concebe, cientificamente falando, que o diploma substantivo trate de matéria estritamente processual. A invasão foi sentida pelos doutrinadores de escol.

Vejamos os artigos do Código Civil que fazem referência à prova:

> Art. 212. Salvo o negócio a que se impõe forma especial, o fato jurídico pode ser provado mediante:
>
> I — confissão;

---

(5) SILVA, De Plácido e, *Vocabulário jurídico*. v. III. 6. ed. Rio de Janeiro: Forense, 1980. p. 1253.

(6) MITTERMAIER, C. J. A. *Tratado da prova em matéria criminal*, Tradução brasileira. 3. ed. Rio de Janeiro, 1917.

(7) Digesto de Processo. Prova/Valor da causa. v. 5. Rio de Janeiro: Forense, 1988. p. 1.

(8) *Idem*. LESSONA, Bordeaux. *Teoria delle Prove*. v. 5. Rio de Janeiro: Forense, 1988. p. 2.

(9) MONTEIRO, João, *apud* Moacyr Amaral Santos. *Primeiras linhas de direito processual civil*. v. II. 7. ed. São Paulo: Saraiva, 1982. p. 329.

(10) CINTRA, Carlos de Araújo; GRINOVER, Ada Pellegrini; DINAMARCO, Cândido Rangel. *Teoria geral do processo*. 20. ed. São Paulo: Malheiros, 2004. p. 347.

II — documento;

III — testemunha;

IV — presunção;

V — perícia.

Art. 213. Não tem eficácia a confissão se provém de quem não é capaz de dispor do direito a que se referem os fatos confessados.

Parágrafo único. Se feita a confissão por um representante, somente é eficaz nos limites em que este pode vincular o representado.

Art. 214. A confissão é irrevogável, mas pode ser anulada se decorreu de erro de fato ou de coação.

Art. 215. A escritura pública, lavrada em notas de tabelião, é documento dotado de fé pública, fazendo prova plena.

§ 1º Salvo quando exigidos por lei outros requisitos, a escritura pública deve conter:

I — data e local de sua realização;

II — reconhecimento da identidade e capacidade das partes e de quantos hajam comparecido ao ato, por si, como representantes, intervenientes ou testemunhas;

III — nome, nacionalidade, estado civil, profissão, domicílio e residência das partes e demais comparecentes, com a indicação, quando necessário, do regime de bens do casamento, nome do outro cônjuge e filiação;

IV — manifestação clara da vontade das partes e dos intervenientes;

V — referência ao cumprimento das exigências legais e fiscais inerentes à legitimidade do ato;

VI — declaração de ter sido lida na presença das partes e demais comparecentes, ou de que todos a leram;

VII — assinatura das partes e dos demais comparecentes, bem como a do tabelião ou seu substituto legal, encerrando o ato.

§ 2º Se algum comparecente não puder ou não souber escrever, outra pessoa capaz assinará por ele, a seu rogo.

§ 3º A escritura será redigida na língua nacional.

§ 4º Se qualquer dos comparecentes não souber a língua nacional e o tabelião não entender o idioma em que se expressa, deverá comparecer tradutor público para servir de intérprete, ou, não o havendo na localidade, outra pessoa capaz que, a juízo do tabelião, tenha idoneidade e conhecimento bastantes.

§ 5º Se algum dos comparecentes não for conhecido do tabelião, nem puder identificar-se por documento, deverão participar do ato pelo menos duas testemunhas que o conheçam e atestem sua identidade.

Art. 216. Farão a mesma prova que os originais as certidões textuais de qualquer peça judicial, do protocolo das audiências, ou de outro qualquer livro a cargo do escrivão, sendo extraídas por ele, ou sob a sua vigilância, e por ele subscritas, assim como os traslados de autos, quando por outro escrivão consertados.

Art. 217. Terão a mesma força probante os traslados e as certidões, extraídos por tabelião ou oficial de registro, de instrumentos ou documentos lançados em suas notas.

Art. 218. Os traslados e as certidões considerar-se-ão instrumentos públicos, se os originais se houverem produzido em juízo como prova de algum ato.

Art. 219. As declarações constantes de documentos assinados presumem-se verdadeiras em relação aos signatários.

Parágrafo único. Não tendo relação direta, porém, com as disposições principais ou com a legitimidade das partes, as declarações enunciativas não eximem os interessados em sua veracidade do ônus de prová-las.

Art. 220. A anuência ou a autorização de outrem, necessária à validade de um ato, provar-se-á do mesmo modo que este, e constará, sempre que se possa, do próprio instrumento.

Art. 221. O instrumento particular, feito e assinado, ou somente assinado por quem esteja na livre disposição e administração de seus bens, prova as obrigações convencionais de qualquer valor; mas os seus efeitos, bem como os da cessão, não se operam, a respeito de terceiros, antes de registrado no registro público.

Parágrafo único. A prova do instrumento particular pode suprir-se pelas outras de caráter legal.

Art. 222. O telegrama, quando lhe for contestada a autenticidade, faz prova mediante conferência com o original assinado.

Art. 223. A cópia fotográfica de documento, conferida por tabelião de notas, valerá como prova de declaração da vontade, mas, impugnada sua autenticidade, deverá ser exibido o original.

Parágrafo único. A prova não supre a ausência do título de crédito, ou do original, nos casos em que a lei ou as circunstâncias condicionarem o exercício do direito à sua exibição.

Art. 224. Os documentos redigidos em língua estrangeira serão traduzidos para o português para ter efeitos legais no País.

Art. 225. As reproduções fotográficas, cinematográficas, os registros fonográficos e, em geral, quaisquer outras reproduções mecânicas ou eletrônicas de fatos ou de coisas fazem prova plena destes, se a parte, contra quem forem exibidos, não lhes impugnar a exatidão.

Art. 226. Os livros e fichas dos empresários e sociedades provam contra as pessoas a que pertencem, e, em seu favor, quando, escriturados sem vício extrínseco ou intrínseco, forem confirmados por outros subsídios.

Parágrafo único. A prova resultante dos livros e fichas não é bastante nos casos em que a lei exige escritura pública, ou escrito particular revestido de requisitos especiais, e pode ser ilidida pela comprovação da falsidade ou inexatidão dos lançamentos.

Art. 227. Salvo os casos expressos, a prova exclusivamente testemunhal só se admite nos negócios jurídicos cujo valor não ultrapasse o décuplo do maior salário mínimo vigente no País ao tempo em que foram celebrados.

Parágrafo único. Qualquer que seja o valor do negócio jurídico, a prova testemunhal é admissível como subsidiária ou complementar da prova por escrito.

Art. 228. Não podem ser admitidos como testemunhas:

I — os menores de dezesseis anos;

II — aqueles que, por enfermidade ou retardamento mental, não tiverem discernimento para a prática dos atos da vida civil;

III — os cegos e surdos, quando a ciência do fato que se quer provar dependa dos sentidos que lhes faltam;

IV — o interessado no litígio, o amigo íntimo ou o inimigo capital das partes;

V — os cônjuges, os ascendentes, os descendentes e os colaterais, até o terceiro grau de alguma das partes, por consanguinidade, ou afinidade.

Parágrafo único. Para a prova de fatos que só elas conheçam, pode o juiz admitir o depoimento das pessoas a que se refere este artigo.

Art. 229. Ninguém pode ser obrigado a depor sobre fato:

I — a cujo respeito, por estado ou profissão, deva guardar segredo;

II — a que não possa responder sem desonra própria, de seu cônjuge, parente em grau sucessível, ou amigo íntimo;

III — que o exponha, ou às pessoas referidas no inciso antecedente, a perigo de vida, de demanda, ou de dano patrimonial imediato.

Art. 230. As presunções, que não as legais, não se admitem nos casos em que a lei exclui a prova testemunhal.

Art. 231. Aquele que se nega a submeter-se a exame médico necessário não poderá aproveitar-se de sua recusa.

Art. 232. A recusa à perícia médica ordenada pelo juiz poderá suprir a prova que se pretendia obter com o exame.

1.2. VERDADE, CERTEZA E FUNÇÃO DA PROVA

Ao mencionar a palavra "prova", naturalmente, a primeira ideia que surge é a descoberta da verdade. Não apenas no processo, mas em qualquer situação que passamos no cotidiano.

Dentro do processo, a prova desempenha função essencial, "razão mesmo para que a investigação dos fatos, no processo de conhecimento, ocupe quase que a totalidade do procedimento e das regras que disciplinam o tema nos diversos códigos processuais que se aplicam no direito brasileiro"[(11)].

A verdade é uma condição para uma decisão justa.

Ao juiz, no processo de conhecimento, cabe a análise dos fatos narrados a ele, aplicando as regras presentes no ordenamento positivo. Na valoração desses fatos é que se chega a uma consequência aplicável ao conflito.

O direito nasce de fatos que as normas jurídicas apontam como aptos e suficientes para seu nascimento (fatos constitutivos do direito). Por outro lado, fatos existem, também definidos em lei, que impedem a constituição do direito ou

(11) MARINONI, Luiz Guilherme. *Processo de conhecimento.* v. 2. 9. ed. São Paulo: RT, 2011. p. 253.

resultam na sua modificação ou extinção (fato impeditivo, modificativo e extintivo de direito, respectivamente)(12).

Portanto, na lide, cabe ao autor alegar os fatos que justificam o direito que pleiteia e, posteriormente, na defesa, ao réu alegar as razões de fato com que impugna o direito do autor.

No processo estão elencados os fatos. Fatos esses sobre os quais o juiz decidirá. No julgamento do processo, é insuficiente apenas a afirmação feita pela parte. É necessário que se prove a alegação.

As partes e o juiz devem exercer o seu papel na demanda. Primeiro, é necessário que as partes cumpram o dever de demonstrar e convencer o juiz da verdade do fato afirmado e, posteriormente, por meio da prova desse fato, ele seja convencido (certeza).

Não se poderia deixar de trazer à baila linhas compiladas de parte das aulas proferidas pelo saudoso civilista San Tiago Dantas(13), no período de 1942 a 1945, na Faculdade Nacional de Direito do Rio de Janeiro (Fundão), assim anotadas:

> "Que é certeza? A certeza é um estado subjetivo, diga-se é a ideia que cada um tem de que um determinado fato é real. Esta ideia vem da consciência de um juiz para a consciência de outro, o que convence o fulano não convence o sicrano, de modo que, a história da prova pode ser resumida na luta entre os dois princípios: considerar um fato provado, quando a consciência do juiz, realmente, adquirir a certeza, ou considerar um fato, provado, quando dele forem oferecidas tais demonstrações, que a consciência médica de um homem deverá com ela se satisfazer.
>
> A tendência para a subjetivação da prova, quer dizer, para só considerar um fato provado, quando, efetivamente, um juiz dele se convenceu, e a tendência para considerar um fato provado, quando a consciência média de um juiz deverá satisfazer-se com esta prova, ainda que o juiz esteja decidindo, no caso, tenha de ser mais rigorosa.
>
> Pode-se dizer que, durante toda a Idade Média, o segundo princípio, o princípio de que um fato está provado, quando se atinge a um certo nível de prova, foi que originou a ciência da prova. É esse regímen, que se chama da prova legal e a que se opõe a prova de consciência".

Ao juiz, cabe a análise dos fatos e a valoração das provas, a fim de formar o seu convencimento e prolatar a decisão. Com efeito, o convencimento deve ser motivado, pois estando o juiz não está adstrito às provas, pode dar a sentença conforme seu entendimento e livre apreciação.

---

(12) ALMEIDA, Cleber Lúcio de. *Direito processual do trabalho*. 2. ed. Belo Horizonte: Del Rey, 2008. p. 451.

(13) DANTAS, San Tiago. *Programa de direito civil* — parte geral. 3ª Tiragem. Rio de Janeiro: Rio, 1979. p. 388.

Contudo, de acordo com o exposto, é necessário que comprove sua decisão com argumentos convincentes, conforme preleciona o art. 371 do CPC/2015:

> "O juiz apreciará a prova constante dos autos, independentemente do sujeito que a tiver promovido, e indicará na decisão as razões da formação de seu convencimento".

E ainda, conforme o art. 832, *caput*, da CLT:

> "Da decisão deverão constar o nome das partes, o resumo do pedido e da defesa, a apreciação das provas, os fundamentos da decisão e a respectiva conclusão".

A prova pode exercer muitas conotações. No processo, ela pode ser instrumento, quando serve para convencimento dos fatos na demonstração da verdade, por exemplo, a prova documental, a prova pericial; pode ser procedimento, por meio do qual os instrumentos de conhecimento se formam e são recepcionados pelo juízo; nesta fase ocorre a produção da prova; pode dar a ideia da atividade lógica celebrada pelo juiz, quando conhece dos fatos, a percepção, por exemplo, e, por fim, pode ser o resultado da atividade probatória, que finalmente é quando provoca o convencimento da verdade.

Na síntese de Giuseppe Chiovenda(14):

> "Provar significa formar a convicção do juiz sobre a existência ou não de fatos relevantes do processo. Indiscutível, pois, a importância da prova no processo de convencimento do juiz. Seu papel é fundamental no processo, pois ajuda o julgador a chegar ao julgamento mais justo possível na lide."

"É a prova, e especialmente a convicção que dela resulta, que serve como real elemento para fazer coincidir a verdade formal e a verdade real (ainda que esta seja vista como uma utopia) e, assim, torna-se legitimadora do fenômeno da coisa julgada"(15). Ou seja, o papel da prova é justamente o de legitimar a coisa julgada mediante o convencimento do juiz e, desta forma, atingir uma ordem jurídica justa alcançando, assim, a paz social.

A finalidade da prova no processo é convencer o juiz de que os fatos narrados pelas partes são verdadeiros. Ressalta-se que tais fatos devem ser relevantes e pertinentes à causa.

O juiz, no julgamento da lide, deve sempre perseguir a verdade, verdade essa denominada "verdade real", que seria a verdade concreta e absoluta dos fatos, porém, é permitido a ele julgar de acordo com a verdade que decorre das provas produzidas

---

(14) CHIOVENDA, Giuseppe. *Instituições do direito processual civil*. v. III. 3. ed. Campinas: Bookseller, 2002. p. 109.

(15) RODRIGUES, Marcelo Abelha. *Manual de direito processual civil*. 4. ed. São Paulo: RT, 2008. p. 177.

nos autos e de acordo com as máximas da experiência, seja ela a "verdade formal". Isso ocorre em virtude da dificuldade de se encontrar uma verdade absoluta, já que para as partes, as suas alegações são sempre verdadeiras. E, também, em detrimento da celeridade processual que é necessário ao Judiciário, ou seja, o julgamento do conflito deve ter um prazo razoável de duração.

Pode-se inferir que o princípio da identidade física do juiz estava diretamente relacionado com a finalidade da prova, pois, segundo ele, o juiz que participasse e concluísse a fase de instrução e julgamento, que é onde são colhidas as provas, seria o mesmo que proferiria a sentença quando finda a causa.

Ao que nos parece, este princípio não encontra ressonância no CPC/2015.

A prova, segundo posicionamento de Manoel Teixeira(16):

> "Não tem apenas a finalidade de convencer, mas, sobretudo, constringir e nortear a formação do seu convencimento, pois sabemos que, por força de disposição legal, (CPC, art. 131 do CPC), o julgador não pode decidir contra a prova existente nos autos, sob pena de nulidade de sentença. O princípio da persuasão racional, adotado pelo CPC vigente, desautoriza o juiz a julgar segundo a sua íntima convicção, impondo-lhe que o faça de maneira fundamentada; a fundamentação, no caso, é feita com vistas à prova produzida e traduz uma exigência constitucional (art. 93, IX)".

Importante ressaltar que o principal destinatário da prova é o juiz. Principal porque as partes também são destinatárias, uma vez que, conforme a exposição dos fatos e provas, elas irão se convencendo das alegações relevantes da causa e não criarão resistência ao julgamento proferido, não tendo a intenção de ingressar com recurso, no intuito de ver reformulada a decisão.

A prova possui características próprias.

São elas:

1) toda prova possui um objeto sobre o qual recairá a prova;

2) tem uma finalidade, que é a convicção do juiz (prova judiciária);

3) tem um destinatário, seja ele o processo.

1.3. MEIOS DE PROVA

Existem também os meios de prova, que são os elementos ou instrumentos idôneos e aptos à formação do magistrado. Não deixando de mencionar o chamado

(16) TEIXEIRA FILHO, Manoel Antonio. *A prova no processo do trabalho*. 8. ed. São Paulo: LTr, 2003. p. 65.

procedimento probatório, que se refere aos métodos, momento e princípios em que a prova deve ser desenvolvida.

É por meio da prova que as partes levam o juiz a conhecer a verdade dos fatos. Assim, podem as partes se utilizar de todos os meios necessários para formar a convicção do juiz, tanto aqueles previstos na lei como os moralmente legítimos.

A exigência da legalidade e moralidade está presente no Texto Constitucional, art. 5º, LVI, que assim preleciona: "são inadmissíveis, no processo, as provas obtidas por meios ilícitos".

A CLT não trata especificamente sobre os meios de prova (arts. 8º, parágrafo único, e 769, da CLT); sendo assim, aplica-se o disposto no art. 369 do CPC/2015, que consagra o princípio da liberdade de prova.

Ao comentar o art. 332 do CPC/73, João Carlos Pestana de Aguiar consigna que "São meios de prova não só os dispostos em lei, como os nela não previstos e hábeis para provar a verdade dos fatos, desde que moralmente legítimos"(17).

1.4. OBJETO DA PROVA

O objeto da prova é aquilo sobre o que recairá a prova, é o que se deseja provar. De acordo com posicionamentos doutrinários, o objeto da prova é constituído por fatos que são narrados na ação e na defesa.

Os fatos que deverão ser objeto de prova são aqueles que versam sobre a lide. Ou seja, mais precisamente os fatos *controvertidos ou controversos, relevantes e determinados ou influentes* contidos no processo. Assim, a prova é necessária quando há questão de fato para ser apreciada e decidida pelo julgador.

Analisando o nosso Código de Processo Civil, podemos verificar que ele adota esse mesmo ponto de vista.

Como exemplos, podemos citar o art. 369:

> "As partes têm o direito de empregar todos os meios legais, bem como os moralmente legítimos, ainda que não especificados neste Código, para provar a verdade dos fatos em que se funda o pedido ou a defesa e influir eficazmente na convicção do juiz".

Observa-se a inteligência do artigo citado no sentido de provar as verdades dos fatos.

E o art. 374:

> Não dependem de prova os fatos:
>
> I — notórios;

---

(17) AGUIAR, João Carlos Pestana de. *Comentários ao Código de Processo Civil*. v. IV. 2. ed. São Paulo: RT, 1977. p. 71.

II — afirmados por uma parte e confessados pela parte contrária;

III — admitidos no processo como incontroversos;

IV — em cujo favor milita presunção legal de existência ou de veracidade. "Não dependem de provas os fatos: notórios, afirmados por uma parte e confessados pela parte contrária, admitidos, no processo, como incontroversos e em cujo favor milita presunção legal de existência ou de veracidade".

Entretanto, para outros doutrinadores, o entendimento é divergente. Constituem objeto da prova as alegações de fato, e não os fatos alegados(18).

Na obra de Cleber Lúcio de Almeida, há o ponto de vista de Santiago Sentis Melendo(19) (*Natureza da Prova*, p. 94-95) que afirma que "os fatos não se provam. Os fatos existem. O que se prova são as afirmações, que poderão a eles referir-se. A parte (...) formula afirmações; não leva ao juiz suas dúvidas, senão a segurança — real ou fictícia — sobre o que sabe; não pede o juiz que averígue, mas lhe diz o que averiguou para que o juiz constate, comprove, verifique (esta é a palavra exata), se as afirmações coincidem com a realidade (...). A prova é verificação e a verificação há de referir-se a afirmações".

Ainda na referida obra, Francesco Carnelutti (*La Prueba Civil*, p. 40) observa que "a prova acerca da existência de um fato se faz mediante o conhecimento do fato mesmo; o conhecimento não é a prova, mas dá a prova da afirmação. Nesse sentido, justo é reconhecer que o objeto da prova não são fatos, mas as afirmações, as quais não se conhecem, mas se comprovam, enquanto aqueles não se comprovam, mas se conhecem"(20).

Para esses autores, o que se deseja provar são as afirmações sobre os fatos, e não tão somente os fatos, pois eles já existem. Caso o objeto da prova fossem os fatos, não haveria como provar os fatos negativos, pois se chagaria a conclusão de que eles nunca ocorreram. Pois, prova-se a afirmação de fato de que estes nunca ocorreram.

No entanto, nosso posicionamento diverge. Estamos de acordo com o Código, uma vez que o que se pretende provar em juízo é a veracidade dos fatos alegados que buscam o convencimento do Estado-Juiz. A prova recai sobre os fatos alegados pelas partes. O juiz tem de ser convencido do fato da maneira como foram narrados pela parte.

No que concerne aos fatos negativos, esses também trazem um fato implicitamente na sua negação. Vejamos, como exemplo, uma negação de justa causa. O réu (reclamado) alega que não dispensou o autor (reclamante) sem justa causa — negação do fato; dessa forma, estará alegando — afirmação — que ele se demitiu ou

(18) CINTRA, Carlos de Araújo; GRINOVER, Ada Pellegrini; DINAMARCO, Cândido Rangel. *Teoria geral do processo*, 20. ed. São Paulo: Malheiros, 2004. p. 351.

(19) ALMEIDA, Cleber Lúcio de. *Direito processual do trabalho*. 2. ed. Belo Horizonte: Del Rey, 2008. p. 454.

(20) *Idem*, p. 454-455.

abandonou o emprego. Ou seja, mesmo que implícito, existe um fato na situação que ensejou a demanda.

Ainda tratando-se sobre o objeto da prova, podemos reiterar que são os fatos relevantes, pertinentes e controversos que devem ser provados na causa pelo réu ou pelo autor.

O direito não depende de prova, ou seja, não é ele o objeto da situação, pois o juiz deve conhecê-lo. No entanto, há exceção. A obrigatoriedade de o juiz conhecer o direito não vai alcançar o direito municipal, estadual, estrangeiro ou consuetudinário. Caberá à parte que alegá-lo provar seu teor e vigência.

Conforme estabelece o art. 376 do CPC/2015:

> "A parte que alegar direito municipal, estadual, estrangeiro ou consuetudinário, provar-lhe-á o teor e a vigência, se assim o juiz determinar".

Importante enfatizar que "a hipótese não é de prova dos fatos de que decorre o direito deduzido, mas do teor e vigência da norma jurídica que se pretende aplicada para efeito de reconhecimento do direito afirmado". A parte não está dispensada de juntar aos autos acordos coletivos, convenções coletivas ou regulamento interno de empresa em que baseia a sua pretensão.

Acordos coletivos, convenções coletivas e regulamento interno de empresa não se confundem com direito consuetudinário ou direito costumeiro, que é, segundo lição de Pontes de Miranda (*Comentários ao Código de Processo Civil*, v. IV, p. 286), "o direito que se irradia de repetição de atitudes humanas que o meio social fez de regras jurídicas"(21).

Todavia, quanto às Convenções da OIT ratificadas pelo Brasil, o Juiz do Trabalho deve conhecê-las, pois elas possuem o *status* de Lei Ordinária. Sendo assim, a parte que as invocar não precisa produzir prova sobre teor e vigência.

Conforme exposto anteriormente, nem todos os fatos alegados por qualquer das partes dependem de prova para que se chegue à conclusão de que são verdadeiros.

Dispensam provas os fatos:

a) Notório. É notório o fato cujo conhecimento faz parte da cultura normal de determinado meio social no momento do julgamento da causa.

b) Confessados. Somente a confissão expressa dispensa a prova do fato. A confissão ficta, em razão de ser relativa, pode ser elidida por provas em contrário.

c) Incontroversos. São incontroversos os fatos não contestados. O fato confessado pelo réu também se torna incontroverso.

---

(21) ALMEIDA, Cleber Lúcio de. *Direito processual do trabalho*. 2. ed. São Paulo: Del Rey, 2008. p. 455.

d) Cuja existência ou veracidade é legalmente presumida. Dois exemplos podem ser dados a respeito desta presunção. "Art. 447 da CLT — enfatiza que, na falta de acordo ou prova sobre condição essencial ao contrato verbal, esta se presume existente, como se a tivesse estatuído os interessados, na conformidade dos preceitos jurídicos adequados à sua legitimidade; Art. 456, parágrafo único, da CLT — consigna que a prova do contrato individual do trabalho será feita pelas anotações constantes da carteira profissional ou por instrumento escrito suprida por todos os meios permitidos em direito. À falta de prova ou inexistindo cláusula expressa a tal respeito, entender-se-á que o empregado se obrigou a todo e qualquer serviço compatível com a sua condição"[22].

Dessa forma, a notoriedade dos fatos, a confissão, a incontrovérsia e a presunção legal de veracidade permitem que o juiz aceite como verdadeiro o fato alegado, dispensando a parte de provar a sua veracidade, funcionando, assim, como excludentes da necessidade da prova.

Importante destacar que, ainda que sejam situações que determinariam a desnecessidade de produção de provas, justamente por não haver dúvida quanto à certeza do fato alegado, na prática, a situação jurídica pode ser um pouco diferente.

Isso porque, há a questão sobre os efeitos da presunção. Veja-se, por exemplo, à revelia, situação que acarreta a confissão ficta quanto à matéria de fato, com presunção de veracidade dos fatos alegados pela outra parte (item I da Súmula 74 do TST). A presunção dos efeitos da confissão é relativa, isso quer dizer que, mesmo que os fatos alegados pela parte tenham a presunção de veracidade, as provas existentes nos autos podem confrontá-los (item II da Súmula 74 do TST). Portanto, ainda que haja confissão quanto aos fatos e a suposta prescindibilidade da produção da prova, todo o contexto processual pode ser analisado pelo julgador, o que, inclusive, pode ocasionar o desmerecimento de uma confissão.

Cabe aqui também uma pequena reflexão acerca do fato público e notório.

Cita-se como exemplo a análise da característica das horas de percurso (*in itinere*): A possibilidade da existência de transporte público passando pelo local, não significa necessariamente que é público e notório a sua utilização por todos os funcionários, especialmente no horário noturno.

Assim, a subsunção encontra lógica na própria dinâmica da linha de transporte público, bem como na ausência de prova da capacidade para transportar todos os funcionários.

Logo, o que é público não é necessariamente notório.

---

(22) SARAIVA, Renato. *Curso de direito processual do trabalho*. 5. ed. São Paulo: Método, 2008. p. 373-374.

Outro ponto relevante diz respeito a grande dificuldade da prática daqueles que litigam no universo trabalhista, qual seja, a declaração dos fatos incontroversos. Isso porque, no saneamento compartilhado do processo (influência do CPC/2015), as partes estabeleceriam os pontos controvertidos, que seriam objeto de produção de provas e, sobre aqueles fatos que fossem confessados pelas partes, não seria necessária qualquer discussão.

Ocorre que, muitas vezes, na prática das audiências trabalhistas não há essa disposição das partes — parte aqui, entende-se como autor, réu e julgador — para promover o saneamento do processo, situação que prejudica o interessado de boa-fé em detrimento da falta de cooperação da outra parte integrante da relação jurídica. Na dúvida, prova-se tudo e depois o juízo decide.

No entanto, a análise do que está incontroverso nos autos é de alta relevância processual. Prova disso é a recente decisão em Ação Rescisória que diante da aplicação do ônus da impugnação específica ratificou que o que não foi impugnado pela parte na sua peça defensiva ocasionou a presunção de veracidade do alegado pela outra parte, aplicando, de fato, o que dispõe o artigo 374 do CPC.

O que está incontroverso nos autos é a verdade real que deve direcionar o julgador.

Veja-se o julgado:

> RECURSO ORDINÁRIO EM AÇÃO RESCISÓRIA AJUIZADA SOB A ÉGIDE DO CPC DE 2015. PEDIDO DE CORTE CALCADO NO ART. 966, V, DO CPC DE 2015. VIOLAÇÃO DOS ARTS. 5º, LV, DA CONSTITUIÇÃO DA REPÚBLICA; 818, I, E 844 DA CLT; 319, 322, 348 E 396 DO CPC DE 1973; E 344, 345, IV, 369, 371, 373, 389 E 1022, I, DO CPC DE 2015, E DA SÚMULA N. 74, II, DO TST. AUSÊNCIA DE PERTINÊNCIA TEMÁTICA. ÔNUS DA IMPUGNAÇÃO ESPECÍFICA. PRESUNÇÃO DE VERACIDADE QUE NÃO SE CONFUNDE COM REVELIA OU CONFISSÃO. CAUSA DE RESCINDIBILIDADE NÃO CONFIGURADA. 1. Cuida-se de Recurso Ordinário em Ação Rescisória ajuizada para desconstituir acórdão proferido na Reclamação Trabalhista originária com fundamento no inciso V do art. 966 do CPC de 2015. A recorrente alega, em suma, que, ao reputar incontroversas as alegações da petição inicial da Reclamação Trabalhista originária relativas à jornada de trabalho e ao pagamento de salário "por fora", desconsiderando a contestação apresentada, ainda que incompleta, e a prova pré-constituída e a produzida durante a instrução, com a aplicação da pena de revelia, a decisão rescindenda teria incidido em violação dos arts. 844, *caput*, da CLT; 319, 322, 348 e 396 do CPC de 1973, vigente ao tempo da apresentação da contestação; e 344, 345, IV, 369, 371, 373, 389 e 1022, I, do CPC de 2015, além de ter desconsiderado os fundamentos determinantes que deram origem à norma depositada na Súmula n. 74, II, desta Corte Superior. 2. Registra-se, de saída, que a violação de norma jurídica autorizadora da desconstituição da *res judicata* é aquela que surge de forma literal, induvidosa, manifesta em sua expressão, primo *ictu oculi*, sempre a partir da moldura fática definida pela decisão rescindenda. 3. Consoante se extrai dos autos, a recorrente ofereceu contestação tempestiva no processo matriz, porém, incompleta, pois não cuidou de impugnar especificamente

todas as alegações de fato e de direito apresentadas pelo recorrido na petição inicial. O TRT, em grau recursal, reputou verídicos os fatos não impugnados na contestação, a despeito da prova existente nos autos, para condenar a recorrente no pagamento de horas extras e de diferenças salariais, incorrendo, em sua compreensão, na violação dos dispositivos legais apontados. 4. O equívoco da recorrente, no caso, está em tratar o ocorrido no processo matriz como revelia ou confissão, quando, em verdade, se trata de presunção de veracidade. 5. A presunção de veracidade, corolário do ônus da impugnação específica, é matéria não disciplinada na CLT, regendo-se pelo disposto no art. 341 do CPC de 2015 (art. 302 do CPC de 1973), cuja aplicação no processo do trabalho tem respaldo na regra contida no art. 769 da CLT. A ausência de impugnação específica na contestação — caso verificado no feito primitivo, em que a recorrente apresentou contestação, porém sem impugnar especificadamente todas as alegações de fato e de direito constantes da petição inicial — não acarreta nem revelia nem confissão, mas sim presunção de veracidade, que constitui fenômeno processual diverso e específico: de fato, a presunção de veracidade é consequência processual da omissão da parte na elaboração de sua defesa, ao passo que a confissão consiste na admissão, pela parte, da verdade sobre fato contrário a seu interesse (art. 389 do CPC/2015) e a revelia é a ausência de contestação (art. 344 do CPC/2015), qualificada, no processo trabalhista, pela própria ausência da parte e de seu advogado na audiência (art. 844 da CLT). 6. No caso em exame, a recorrente apresentou tempestivamente sua contestação no processo matriz; contudo, sua contestação não cuidou de impugnar todas as alegações de fato e de direito apresentadas na petição inicial, limitando-se a atacar o tema referente à justa causa do recorrido. Não é caso, portanto, de defesa inexistente, de confissão tampouco de revelia, mas de presunção de veracidade. E sob essa perspectiva, portanto, não há como se cogitar de violação dos arts. 844 da CLT, 319, 322 e 348 do CPC de 2015 e 344, 345, IV, e 389 do CPC de 2015, que não guardam pertinência temática com o caso em exame, pois não houve, no acórdão rescindendo, aplicação de confissão ou de revelia à recorrente, nem se reputou inexistente sua defesa, mas ocorreu apenas o reconhecimento de seu desatendimento ao ônus da impugnação específica. 7. Tampouco há ofensa aos arts. 396 do CPC de 1973 e 369, 371 e 373 do CPC de 2015, uma vez que, conforme expressado no art. 374, III, do CPC/2015 (art. 334, III, do CPC/1973), não dependem de prova os fatos admitidos no processo como incontroversos, consequência lógico-jurídica da ausência de impugnação específica na contestação. E como os fatos incontroversos, assim considerados aqueles que não são objeto de impugnação específica na contestação, prescindem de prova, a conclusão que emerge é de que o acórdão rescindendo decidiu a lide em consonância com a diretriz fornecida pelo art. 374, III, do CPC de 2015 (art. 334, III, do CPC de 1973), não havendo, pois, vulneração aos arts. 396 do CPC/1973 e 369, 371 e 373 do CPC/2015. 8. Corolário lógico é a inexistência de ofensa ao art. 5º, LV, da Constituição da República, visto que o processo matriz foi decidido de acordo com a diretriz legal aplicável na espécie, prevista no art. 374, III, do CPC de 2015, cuja observância constitui medida de rigor, no contexto do direito processual constitucional, na medida em que a aplicação plena da cláusula da ampla defesa — à qual se condiciona a busca pela verdade real — impõe o estrito cumprimento, pelas partes, das disposições procedimentais previstas na legislação infraconstitucional que regem os institutos do processo, dentre as quais a presunção de veracidade dos fatos incontroversos. 9. Sinala-se, ainda, não haver violação da norma jurídica depositada no item II da Súmula n. 74 desta Corte Superior, na medida em que não há aderência estrita entre o caso em exame e os fundamentos determinantes que a estruturam. De fato, a *ratio decidendi* dos precedentes que deram origem à Súmula n. 74 trata da aplicação da confissão ficta à parte que, devidamente intimada, não comparece na audiência de prosseguimento, isto é, momento posterior à apresentação da defesa — daí o porquê da diretriz consagrada no seu item II, a admitir a consideração da prova pré-constituída existente nos autos —, circunstância totalmente diversa do caso em análise, em que o problema está na própria contestação apresentada pela recorrente, que não cuidou de impugnar especificamente todas as alegações de fato e de direito apresentadas na petição inicial do feito primitivo, circunstância que, como já afirmado anteriormente, torna incontroversos os fatos não impugnados, retirando-os do *thema probandum* . 10. Por fim, não se verifica violação do art. 1022, I, do CPC de 2015. Segundo a compreensão da recorrente, as contradições apontadas nos Embargos de Declaração opostos ao acórdão rescindendo estariam presentes, no tocante às violações legais apontadas. O raciocínio engendrado pela recorrente, contudo, não subsiste diante das próprias conclusões ora esposadas, no sentido de que o acórdão rescindendo, ao aplicar a presunção de veracidade sobre os fatos não especificamente impugnados na contestação, decidiu em conformidade com os preceitos processuais de regência, especialmente quando se verifica que, diferentemente das alegações da recorrente, não houve, em momento algum no processo matriz, pronúncia de sua revelia ou aplicação da confissão, extraindo-se daí, pois, a inexistência de violação da referida norma jurídica. 11. Conclui-se, assim, não configurada a hipótese de rescindibilidade tratada pelo art. 966, V, do CPC de 2015, impondo-se, por conseguinte, a manutenção do acórdão regional neste tópico. 12. Recurso Ordinário conhecido e não provido no particular. PRETENSÃO DESCONSTITUTIVA FUNDADA NO ART. 966, VIII, DO CPC DE 2015. ERRO DE FATO. NÃO CONFIGURAÇÃO. EFETIVA CONTROVÉRSIA QUANTO À AUSÊNCIA DE IMPUGNAÇÃO ESPECÍFICA. INCIDÊNCIA DA OJ SBDI-2 N. 136 DO TST. 1. A possibilidade de admitir-se a Ação Rescisória fundada em erro de fato exige que a decisão rescindenda tenha considerado inexistente um fato efetivamente ocorrido ou existente em fato que não ocorreu. Além disso, é imprescindível que não tenha havido controvérsia nem pronunciamento jurisdicional sobre o fato. Nessa linha segue a diretriz inserta na Orientação Jurisprudencial n. 136 da SBDI-2 desta Corte Superior. 2. *In casu*, a recorrente sustenta que o erro de fato decorreria da falsa percepção do magistrado quanto à ausência de impugnação específica em sua contestação acerca do exercício de cargo de confiança, para fins de enquadramento do recorrido na hipótese do art. 62, II, da CLT, e quanto à demonstração da correção dos pagamentos salariais, à luz do exame da prova existente nos autos. 3. Extrai-se do acórdão rescindendo que as questões referentes à ausência de impugnação específica na contestação da recorrente e aos pagamentos realizados "por fora" constituem o cerne do acórdão rescindendo, em torno do qual se desenvolveu todo o pronunciamento jurisdicional expresso do TRT. 4. Nessa senda, sendo nítida a controvérsia bem como a expressa manifestação judicial sobre os fatos alegados pela recorrente como passíveis de rescindir o acórdão prolatado no processo matriz, não se verifica, na espécie, o indigitado erro, tal como exigido no art. 966, VIII e § 1º, do CPC de 2015. Incidência da Orientação Jurisprudencial n. 136 da SBDI-2 do TST. 5. Recurso Ordinário conhecido e não provido. RECURSO ADESIVO DO RÉU. IRREGULARIDADE DE REPRE-

SENTAÇÃO NÃO SANEADA APÓS DETERMINAÇÃO DO DESEMBARGADOR RELATOR NO TRT. NÃO CONHECIMENTO. SÚMULA N. 383, II, DO TST. 1. Não desafia conhecimento o recurso adesivo do réu em face da irregularidade de representação constatada nos autos, defeito que não foi sanado pela parte no prazo concedido pelo Desembargador Relator no TRT, na forma da diretriz contida no item II da Súmula n. 383 do TST. 2. Recurso Ordinário adesivo não conhecido" (ROT-1353-06.2020.5.09.0000, Subseção II Especializada em Dissídios Individuais, Relator Ministro Luiz Jose Dezena da Silva, DEJT 09.12.2022).

O intuito com os destaques é promover a reflexão do leitor.

Concluindo sobre os fatos que devem ser provados, podemos enumerar os seguintes tipos:

- Controversos: fatos que provocam dúvidas pela parte contra quem foram alegados.
- Relativos: fatos cuja existência tenha influência na constituição, impedimento de constituição, modificação ou extinção de um direito.
- Pertinentes: aqueles fatos que possuem relação com o objeto da demanda.
- Passíveis de prova: o fato não só deve ser possível como também praticável a demonstração de sua veracidade.
- Determinados ou precisos: os fatos devem ter características que possam individualizá-los e distingui-los de outros fatos.
- Devem ser objeto de prova, mesmo que não sejam contestados ou impugnados especificamente, os fatos presentes no art. 341 do CPC/2015.
- Cabe também ao réu manifestar-se precisamente sobre os fatos narrados na petição inicial. Presumem-se verdadeiros os fatos não impugnados, salvo:

  I — se não for admissível, a seu respeito, a confissão;

  II — se a petição inicial não estiver acompanhada do instrumento público que a lei considerar da substância do ato;

  III — se estiverem em contradição com a defesa, considerada em seu conjunto.

1.5. JURISPRUDÊNCIA ANOTADA

Vejamos alguns julgados acerca do tema:

"NULIDADE PROCESSUAL. CERCEAMENTO DO DIREITO DE DEFESA. INDEFERIMENTO DA PRODUÇÃO DE PROVA TESTEMUNHAL. Não há falar em preclusão quando o requerimento para oitiva de testemunha por carta precatória, formulado em contestação, é renovado em audiência de instrução. O indeferimento de prova testemunhal, quando essencial ao esclarecimento da questão litigiosa e quando causa evidente prejuízo à parte, caracteriza cerceamento do direito de defesa, assegurado no art. 5º, inciso LV, da Constituição da República, impondo a decretação de nulidade do processo, na forma do art. 794 da CLT. (TRT 4ª R.; RO 0021549-24.2015.5.04.0028; Primeira Turma; Rel. Des. Fabiano Holz Beserra; DEJTRS 02/03/2017; P. 128)"

"RECURSO DE REVISTA. INTERPOSIÇÃO SOB A ÉGIDE DAS LEIS N. 13.015/2014 E N. 13.467/2017. PRELIMINAR DE NULIDADE. NEGATIVA DE PRESTAÇÃO JURISDICIONAL. OMISSÕES CONSTATADAS. VIOLAÇÃO DO ART. 93, IX, DA CF/88. 1. Do cotejo entre os pedidos realizados em sede de embargos de declaração e da decisão regional que rejeitara os aclaratórios, infere-se que, de fato, o e. TRT não se manifestou sobre pontos cruciais para o deslinde da controvérsia. 2. Não há análise sobre quatro pontos de extrema relevância para a solução da situação posta nos presentes autos: a) o fato de haver, na prova emprestada, constatação de que o autor trabalhou como operador de transpaleteira levando mercadorias para câmara de congelados (resfriamento); b) se o autor esteve exposto às temperaturas de +6,3°C (Câmara) e/ou +10,5°C (Sala de Cortes), bem como se a exposição a essas temperaturas, mesmo com a utilização de EPI, mas sem o intervalo do artigo 253 da CLT, caracterizam o ambiente como insalubre e conferem o direito ao adicional de insalubridade; c) o fato de o laudo pericial constante do processo n. 0024613-68.2016.5.24.0022 (prova emprestada) consignar que a temperatura do local em que o autor exercia suas atividades era entre 0 a 12 graus, e que em câmaras de armazenamento foram encontradas temperaturas de 2,0°C e na câmara de armazenamento (pulmão) 6,3°C; d) se a exposição a temperaturas variadas enseja o direito ao intervalo do artigo 253 da CLT. 3. Nesse cenário, é importante registrar que o art. 832 da CLT exige que as decisões sejam fundamentadas. Esse princípio da motivação foi elevado ao patamar constitucional pela Constituição Federal, que dispõe, em seu art. 93, IX, que "Todos os julgamentos dos órgãos do Poder Judiciário serão públicos, e fundamentadas todas as decisões, sob pena de nulidade". 4. Frise-se que a necessidade de fundamentação é ainda mais relevante, visto que, considerando-se a natureza extraordinária do recurso de revista, é inviável a esta e. Corte examinar a controvérsia à luz de contornos fáticos e jurídicos que não foram expressamente definidos pelo Tribunal *a quo*, tendo em vista o óbice das Súmulas ns. 126 e 297 do TST. 5. É imperioso, portanto, que a Corte Regional consigne todos os fatos constantes nos autos alusivos às alegações mencionadas em embargos de declaração, de modo a possibilitar eventual conclusão jurídica diversa nesta instância extraordinária. Recurso de revista conhecido por violação do artigo 93, IX, da CF e provido" (RR-RR-25452-59.2017.5.24.0022, 3ª Turma, Relator Ministro Alexandre de Souza Agra Belmonte, DEJT 27/11/2020).

"AGRAVO. AGRAVO DE INSTRUMENTO. RECURSO DE REVISTA. PRELIMINAR DE NULIDADE POR NEGATIVA DE PRESTAÇÃO JURISDICIONAL. O artigo 93, IX, da Carta Magna, ao exigir que todos os julgamentos dos órgãos do Poder Judiciário sejam públicos e fundamentadas as decisões, o faz para que as partes, de pleno conhecimento da composição e do teor do julgado, eventualmente possam interpor os recursos admitidos pela legislação processual. E, na hipótese concreta, verifica-se que a decisão recorrida atendeu ao comando constitucional. O acórdão do e. Tribunal Regional expôs as razões pelas quais negou provimento ao recurso. Logo, ainda que a reclamada não se conforme com a decisão, a hipótese não seria de negativa de prestação jurisdicional, mas de mera decisão contrária aos seus interesses. Agravo conhecido e desprovido" (Ag-AIRR-2165-35.2010.5.02.0019, 8ª Turma, Relator Ministro Alexandre de Souza Agra Belmonte, DEJT 19/12/2022).

"I — AGRAVO DE INSTRUMENTO EM RECURSO DE REVISTA. EXECUÇÃO. ACÓRDÃO REGIONAL NA VIGÊNCIA DA LEI N. 13.467/2017. NULIDADE DO V. ACÓRDÃO REGIONAL POR NEGATIVA DE PRESTAÇÃO JURISDICIONAL. TRANSCENDÊNCIA JURÍDICA. 1. A Suprema Corte, no acórdão proferido nos autos do AI 791.292/PE, de relatoria do Exmo. Ministro Gilmar Mendes, reconheceu a repercussão geral do Tema 339 — obrigatoriedade de fundamentação das decisões judiciais, nos termos do art. 93, IX, da CR. 2. A causa versa sobre alegada incorreção nos cálculos das horas extras e das horas *in itinere*. O col. Tribunal Regional, mesmo instado por embargos de declaração, aparentemente não se manifestou sobre os aspectos suscitados pelo reclamante e que seriam necessários para a solução do litígio. 3. Reconhece-se, assim, a transcendência jurídica da causa e, diante de provável ofensa ao art. 93, IX, da CR, determina-se o processamento do agravo de instrumento para melhor exame do recurso de revista. Agravo de instrumento conhecido e provido. II — RECURSO DE REVISTA. EXECUÇÃO. ACÓRDÃO REGIONAL NA VIGÊNCIA DA LEI 13.467/2017. PRELIMINAR DE NULIDADE DO V. ACÓRDÃO REGIONAL POR NEGATIVA DE PRESTAÇÃO JURISDICIONAL. TRANSCENDÊNCIA JURÍDICA. 1. Em face da natureza extraordinária do recurso de revista e tendo em vista a necessidade do prequestionamento de todas as matérias impugnadas (Súmula 297 do TST), faz-se necessário que todas as questões suscitadas, bem como aquelas que envolvam a prova, sejam exaustivamente analisadas pelas instâncias ordinárias. 2. No caso, o reclamante apontou incorreção nos cálculos das horas extras e das horas *in itinere*, alegando não terem sido observados os seguintes aspectos: a) que, no período de janeiro de 2008 a abril de 2010, houve, sem explicação, apontamento negativo de horas extras pelo perito; b) que a decisão exequenda deferiu adicional de horas extras de 70%, inclusive sobre as horas extras pagas, fato jamais observado pela empresa; c) que, em diversos meses, houve apontamento de horas extras inferiores às efetivamente trabalhadas, como se verifica no mês de outubro de 2006, em que o perito apontou 8,42, ao passo que seria 44,72; d) que não haveria de se falar em aplicação da OJ 415 da SBDI-1/TST quando as diferenças salariais envolvem adicional de horas extras mais vantajoso e e) que o perito não teria atendido ao comando exequendo, de cálculo de 50 minutos por dia, "não se justificando o apontamento de 9.58 horas *in itinere* dentro do mês em que se ativou o obreiro por 25 dias". 3. Também fora demonstrado que o col. Tribunal Regional, mesmo instado por embargos de declaração, não se pronunciou expressamente sobre as referidas questões, que seriam relevantes para a solução do litígio. 4. Evidenciada a nulidade do v. acórdão regional por negativa de prestação jurisdicional, resta configurada a alegada ofensa ao art. 93, IX, da CR. Recurso de revista conhecido por violação do art. 93, IX, da CR e provido" (RR-110-03.2011.5.15.0056, 7ª Turma, Relator Ministro Alexandre de Souza Agra Belmonte, DEJT 19.12.2022).

"RECURSO DE REVISTA COM AGRAVO. I — AGRAVO DE INSTRUMENTO EM RECURSO DE REVISTA. ACÓRDÃO REGIONAL PUBLICADO NA VIGÊNCIA DA LEI 13.015/2014 E ANTES DA LEI 13.467/2017. PRELIMINAR DE NULIDADE

DO DESPACHO DE ADMISSIBILIDADE. NEGATIVA DE PRESTAÇÃO JURISDICIONAL. A agravante invoca nulidade por negativa de prestação jurisdicional do despacho agravado, mas não opôs embargos de declaração a fim de que o juízo monocrático pudesse suprir eventual omissão, contradição, obscuridade ou erro material. Assim, encontra-se preclusa a insurgência, nos termos do artigo 1º, §1º, da IN n. 40 do TST. Preliminar rejeitada. PRELIMINAR DE NULIDADE DO ACÓRDÃO REGIONAL. NEGATIVA DE PRESTAÇÃO JURISDICIONAL. INTERVALO INTRAJORNADA. HORAS *IN ITINERE*. Do exame dos questionamentos levantados pela parte em seu apelo em contraponto às decisões proferidas pelo e. TRT quanto ao intervalo intrajornada, observa-se possível ofensa aos arts. 93, IX, da CF/88 e 832 da CLT, tendo em vista a ausência de manifestação daquela e. Corte quanto à alegação de não apresentação dos registros de ponto pela reclamada, para fins de atrair a incidência da Súmula n. 338/TST e do art. 74, §2º, da CLT quanto à distribuição do ônus probatório. Faz-se necessário, portanto, melhor exame do recurso de revista no aspecto. Por outro lado, de acordo com os trechos da decisão recorrida transcritos pela parte, infere-se que a Corte Regional concluiu que o autor não faz jus ao pagamento de horas *in itinere*, por ser regido por regime diferenciado previsto na Lei 5.811/72, sendo inaplicáveis em circunstâncias tais os termos da Súmula 90/TST. Assim, é irrelevante que aquela e. Corte houvesse se manifestado sobre o convencionado pelas partes em audiência acerca dos trechos não servidos por transporte público ou sobre o tempo despendido no deslocamento, porquanto não seriam argumentos hábeis a alterar o julgado, que adotou posicionamento em conformidade com esta c. Corte Superior no sentido de que os trabalhadores da indústria petroleira são regidos pela Lei 5.811/72 e, portanto, por regramento próprio, não fazendo jus ao pagamento de horas *in itinere*, por força do disposto no art. 3º daquele diploma legal. Ausente, nesse ponto, manifesto prejuízo às partes, incide na hipótese o óbice do art. 794 da CLT. Agravo de instrumento conhecido e provido apenas quanto ao tema "preliminar de nulidade por negativa de prestação jurisdicional — intervalo intrajornada". II — RECURSO DE REVISTA. PRELIMINAR DE NULIDADE DO ACÓRDÃO REGIONAL. NEGATIVA DE PRESTAÇÃO JURISDICIONAL. INTERVALO INTRAJORNADA. Do exame das decisões tanto de recurso ordinário quanto de embargos declaratórios, observa-se que o e. TRT se limita a manter a sentença pronunciando que " cabia ao Reclamante o ônus de comprovar que, em verdade, não usufruía da pausa para refeição e descanso, ônus do qual, entretanto, não se desvencilhou, como se nota dos depoimentos prestados em audiência (fl. 115)." (p. 492) Ocorre que o autor suscitou manifestação do e. TRT acerca da alegação de que a não apresentação injustificada do controle de jornada gera a presunção relativa da veracidade da jornada declinada na inicial, podendo ser elidida por prova em contrário (item I da Súmula n. 338 do TST). Veja-se que é essencial à correta aferição do encargo probatório para fins de verificação da jornada de trabalho e, consequentemente, da adequada fruição do intervalo intrajornada, a existência de informações acerca da aplicabilidade da Súmula 338, I, do TST ao caso concreto, ou seja, de demonstração do controle de jornada pela empresa que conta com mais de dez empregados, possibilitando verificar se a hipótese é de transferência do ônus da prova da jornada ao empregador. Dessa forma, a Corte Regional, ao deixar de explicitar se houve apresentação pela reclamada dos registros de ponto do reclamante, inviabilizou o exame por essa Corte Superior acerca da correta distribuição do ônus da prova nos termos da Súmula n. 338, I, do

TST, razão pela qual faz-se necessário o retorno dos autos ao Tribunal de origem para elucidação dos questionamentos levantados pela parte no aspecto. Recurso de revista conhecido por violação dos arts. 93, IX, da CF/88 e 832 da CLT e provido. Prejudicado o exame das demais matérias do presente apelo. Conclusão: Agravo de instrumento conhecido e parcialmente provido e recurso de revista conhecido e provido" (RR-299-42.2014.5.05.0221, 7ª Turma, Relator Ministro Alexandre de Souza Agra Belmonte, DEJT 19/12/2022).

"AGRAVO EM RECURSO DE EMBARGOS EM AGRAVO EM AGRAVO DE INSTRUMENTO EM RECURSO DE REVISTA. ACÓRDÃO PUBLICADO NA VIGÊNCIA DA LEI N. 13.467/2017. BASE DE CÁLCULO DOS QUINQUÊNIOS. INCLUSÃO DA GRATIFICAÇÃO DE FUNÇÃO. CONTROVÉRSIA ACERCA DO CONHECIMENTO DO AGRAVO DE INSTRUMENTO DA RECLAMADA POR AUSÊNCIA DE IMPUGNAÇÃO ESPECÍFICA. SÚMULA 422 DO TST. Demonstrada má aplicação da Súmula 422, I e II, do TST, dá-se provimento ao agravo para determinar o processamento do recurso de embargos. Agravo conhecido e provido. RECURSO DE EMBARGOS EM AGRAVO EM AGRAVO DE INSTRUMENTO EM RECURSO DE REVISTA. ACÓRDÃO PUBLICADO NA VIGÊNCIA DA LEI N. 13.467/2017. BASE DE CÁLCULO DOS QUINQUÊNIOS. INCLUSÃO DA GRATIFICAÇÃO DE FUNÇÃO. CONTROVÉRSIA ACERCA DO CONHECIMENTO DO AGRAVO DE INSTRUMENTO DA RECLAMADA POR AUSÊNCIA DE IMPUGNAÇÃO ESPECÍFICA. SÚMULA 422 DO TST. Cinge-se a verificar a má aplicação da Súmula 422 do TST pela c. Turma quanto ao tema base de cálculo dos quinquênios por inobservância do princípio da dialeticidade recursal em razão de o agravo de instrumento não infirmar o despacho de admissibilidade do recurso de revista no tema. A Vice-Presidência do TRT adotou diversos fundamentos para denegar seguimento ao recurso de revista, sem explicitar a que tema se refere cada um deles. Não há de se concluir que o óbice da Súmula 126 do TST se refere ao tema principal (incorporação da gratificação) ou ao reflexo em quinquênios. Em verdade, o Tribunal Regional se vale da Súmula 126 desta Corte como fundamento autônomo, secundário, deixando de capitular/delimitar o tema em que aplica o referido óbice processual. E ao fundamento adotado pelo Tribunal Regional de que " não há ofensa ao art. 37, XIV da CR e nem à Lei 9329/07 ", a parte, no agravo de instrumento, se opõe alegando violação direta, e não reflexa, do artigo 37, XIV da Constituição. Aliás, é dessa perspectiva dos recursos e da fundamentação que se extrai a conclusão de que a questão acerca da base de cálculo dos quinquênios pela consideração dos reflexos da gratificação de função, de fato, tem natureza estritamente jurídica, a corroborar a tese de que a adoção da Súmula 126 do TST se trata de fundamento secundário, e não central, nuclear, tendo a parte defendido substancialmente a violação direta dos dispositivos constitucionais apontados. Some-se a tudo isso o fato de que a parte, já nas primeiras páginas do agravo de instrumento, assenta que "não houve nenhuma análise de prova e nem mesmo de teses jurídicas suscitadas pela Reclamada para demonstrar a inconstitucionalidade desse reflexo", ainda que se trate de impugnação referente ao tema "nulidade do acórdão por negativa de prestação jurisdicional", a referida preliminar tratou do tema reflexos em quinquênios, devendo-se aproveitar tais argumentos a todo o recurso. Ainda, dada a ausência de capitulação dos temas pelo despacho da Vice-Presidência do TRT que denegou seguimento ao recurso de revista quanto à gratificação e à base de cálculo dos quinquênios, não havendo como supor que a Súmula 126 do TST tenha sido óbice processual adotado no tema acerca da base de cálculo dos quinquênios pela consideração dos reflexos da gratificação de função, e notadamente em razão da natureza secundária do referido fundamento, por se tratar de questão jurídica , está suficientemente fundamentado o agravo de instrumento da parte, nos termos da Súmula 422, I, do TST. Recurso de embargos conhecido e provido" (E-Ag-AIRR-11613-34.2016.5.03.0006, Subseção I Especializada em Dissídios Individuais, Relator Ministro Breno Medeiros, DEJT 24.06.2022).

"AGRAVO DE INSTRUMENTO. EXECUÇÃO. 1. PRELIMINAR DE NULIDADE POR NEGATIVA DE PRESTAÇÃO JURISDICIONAL. POSSIBILIDADE DE DECIDIR O MÉRITO FAVORAVELMENTE À PARTE RECORRENTE. APLICAÇÃO DO ARTIGO 282, § 2º, DO CPC. A preliminar suscitada não enseja análise no presente apelo, uma vez que, mesmo que se reconhecesse a existência da nulidade apontada, ela não seria objeto de pronunciamento, ante a possibilidade de decidir o mérito do recurso favoravelmente à parte recorrente, na forma autorizada pelo artigo 282, § 2º, do CPC. 2. RECURSO INTERPOSTO CONTRA DECISÃO PROFERIDA NA VIGÊNCIA DA LEI N. 13.467/2017. EXECUÇÃO DA SENTENÇA. PEDIDO DE DESISTÊNCIA DA AÇÃO. ATO HOMOLOGADO EM JUÍZO. EFEITOS NO PROCESSO. TRANSCENDÊNCIA JURÍDICA RECONHECIDA. De acordo com o artigo 896-A da CLT, a esta colenda Corte Superior, em sede de recurso de revista, compete examinar previamente a transcendência da causa em relação aos reflexos gerais de natureza econômica, política, social ou jurídica. Nessa perspectiva, por meio do aludido instrumento recursal extraordinário, apenas serão objeto de exame as matérias controvertidas que ultrapassem a esfera dos interesses subjetivos das partes litigantes. Não se pode olvidar que os artigos 926 e 927 do CPC, plenamente aplicáveis nesta Justiça Especializada, reconheceram a função nomofilácica dos Tribunais Superiores, aos quais compete garantir a unidade do Direito, a partir da uniformização da interpretação dos enunciados normativos aplicáveis às demandas de sua competência. Desse modo, ao Tribunal Superior do Trabalho é atribuído o encargo de uniformizar a interpretação dos enunciados legais e constitucionais em matéria de sua competência, de modo que os precedentes por ele editados deverão ser aplicados pelos demais julgadores e Tribunais Regionais do Trabalho aos casos semelhantes ou idênticos. É inequívoco que o instituto da transcendência, ao possibilitar a seleção de matérias relevantes e de interesse público, confere meios a este Tribunal Superior para o exercício de seu mister, deixando evidente que esta não se trata de mera Corte de revisão. O § 1º do artigo 896-A da CLT estabelece os parâmetros em que é possível reconhecer o interesse público no julgamento da causa e, por conseguinte, a sua transcendência, ao prever os indicadores de ordem econômica, política, jurídica e social. Na espécie , há que ser reconhecida a transcendência jurídica da causa, nos termos do artigo 896-A, § 1º, IV, da CLT, uma vez que, conquanto a questão não seja nova, ainda não há no âmbito desta Corte Superior jurisprudência pacífica acerca da matéria. 3. EXECUÇÃO DA SENTENÇA. PEDIDO DE DESISTÊNCIA DA AÇÃO. ATO HOMOLOGADO EM JUÍZO. EFEITOS NO PROCESSO. ATO JURÍDICO PERFEITO. POSSÍVEL VIOLAÇÃO DO ARTIGO 5º, XXXVI, DA CONSTITUIÇÃO FEDERAL. DEMONSTRAÇÃO. PROVIMENTO. Ante a possibilidade de ofensa ao Artigo 5º, XXXVI, da Constituição Federal, o provimento do agravo de instrumento para o exame do recurso de revista é medida que se impõe. Agravo de instrumento a que se dá provimento. RECURSO DE REVISTA. EXECUÇÃO DA SENTENÇA. PEDIDO DE DESISTÊNCIA DA AÇÃO.

ATO HOMOLOGADO EM JUÍZO. EFEITOS NO PROCESSO. ATO JURÍDICO PERFEITO. VIOLAÇÃO DO ARTIGO 5º, XXXVI, DA CONSTITUIÇÃO FEDERAL. DEMONSTRAÇÃO. PROVIMENTO. De início, importante salientar que a decisão na qual se reconheceu a rescisão indireta do contrato de trabalho, objeto da reclamação trabalhista ajuizada pelo reclamante no Processo n. 58100-43.1999.5.02.0020, não tem o condão de operar efeitos no presente processo, no qual se discute ação diversa, bem como questão processual específica, relativa ao pedido de desistência do processo pelo autor, quando transitado em julgado a sentença que havia declarado a relação de emprego entre o ora exequente e executada. A propósito, do acórdão oriundo da Terceira Turma deste Tribunal Superior, proferido no Processo n. 58100-43.1999.5.02.0020, pode-se inferir que, quando se afirmou que houve trânsito em julgado da sentença que reconheceu o vínculo de emprego no presente processo, a discussão se restringiu à fase de conhecimento, em que se utilizou do mencionado fundamento apenas para deixar claro que caberia o ajuizamento de nova reclamação trabalhista, com o objetivo de pleitear rescisão indireta, porquanto imutável a declaração da relação de emprego nos presentes autos. No citado julgado, frise-se, não foi adotado nenhum entendimento de que, em face de a homologação da desistência da ação, da qual trata o presente processo, ter ocorrido após o trânsito em julgado da sentença que declarou a relação de emprego, o referido ato processual perpetrado pelo ora exequente teria perdido o seu efeito; tampouco que seria possível, por conta disso, o prosseguimento da execução das verbas trabalhistas decorrentes do reconhecimento do liame empregatício. Em verdade, os efeitos da desistência foram examinados tão somente até o trânsito em julgado da decisão que reconheceu o vínculo de emprego (fase de conhecimento), não em relação ao momento processual posterior, na fase de execução. Em vista disso, o cerne da questão posta nos presentes autos se resume a examinar a possibilidade de prosseguimento da execução de sentença, na qual se reconheceu o vínculo de emprego, mesmo com pedido de desistência por parte do reclamante, homologado depois do trânsito em julgado da decisão que declarou a mencionada relação jurídica. Sobre a desistência, decerto que o artigo 158, parágrafo único, do CPC/1973 (atual artigo 200, parágrafo único, CPC/2015), vigente à época dos fatos em exame, estabelecia que o referido ato processual somente produziria efeitos depois de homologado por sentença. Em sendo assim, forçoso reconhecer que, em face de a homologação do pedido de desistência da ação ter ocorrido depois de transitado em julgado a sentença que reconheceu o vínculo de emprego, a referida decisão declaratória se tornou imutável, não sendo passível de reforma pela via recursal, nos termos do artigo 467 do CPC/1973, como decidido por este Tribunal Superior nos autos do Processo n. 58100-43.1999.5.02.0020. Sucede que, em que pese a ocorrência de coisa julgada quanto ao vínculo de emprego, não se pode desconsiderar a manifestação de vontade do reclamante, quando desistiu da demanda na fase em que se encontrava o processo, ou seja, na fase de execução. Isso porque o ato processual praticado somente passou a produzir os seus efeitos no momento da sua homologação pelo juiz, que se deu um ano depois do trânsito em julgado da sentença. Desse modo, tendo o ato processual praticado pelo reclamante produzido resultado depois do trânsito em julgado, há que se entender que a sua desistência incidiu sobre a execução da sentença, que reconheceu o vínculo de emprego, fato admitido pelo próprio reclamante, quando requereu o início do cumprimento da decisão condenatória. Importante salientar que no exame do agravo de instrumento do reclamante, nos autos do Processo n. 58100-43.1999.5.02.0020, no qual se discutia a rescisão indireta, a Terceira Turma deste Tribunal Superior, ao manter a decisão que extinguiu, em parte, o processo, sem resolução do mérito (a extinção se deu em relação às verbas decorrentes do vínculo de emprego), fez consignar na sua decisão que houve a condenação da reclamada ao pagamento das parcelas oriundas do contrato de trabalho, mas que o reclamante teria optado pela desistência da execução da sentença. Tal registro reforça a tese de que o exequente, de fato, desistiu da execução da sentença, na qual havia condenação ao pagamento de parcelas derivadas da relação de emprego. Feitas tais considerações, passa-se a examinar os efeitos da desistência do reclamante sobre a execução da sentença que condenou a reclamada ao pagamento de verbas decorrentes do reconhecimento de vínculo de emprego. Como é cediço, as partes que integram a relação processual gozam da faculdade de praticar diversos atos processuais, os quais, sem sombra de dúvidas, consubstanciam-se em verdadeira manifestação de vontade. Por decorrência, uma vez praticado em conformidade com a lei vigente à época da sua concretização, geram os seus efeitos, não podendo ser modificados, por constituírem ato jurídico perfeito e acabado. Não se pode olvidar, ainda, que, ao assumir determinada posição na relação processual, a parte perde a faculdade de praticar atos incompatíveis com a sua manifestação de vontade, não lhe sendo dado o direito de modificar aquilo que já foi consumado no processo, sob pena de inobservância ao princípio da segurança jurídica, o qual busca atribuir a maior previsibilidade e estabilidade possível às relações jurídicas. Além disso, é de sabença que as partes possuem o dever de atuar com lealdade no processo, em respeito ao princípio da boa-fé objetiva, não lhes sendo permitido, depois de adotar determinada postura no processo, se comportar de modo contraditório e inesperado, surpreendendo a parte contrária. No caso dos autos, constata-se que o reclamante/exequente praticou ato processual válido, ao apresentar petição de desistência da ação, a qual passou a surtir efeito quando da sua homologação pelo juiz (artigo 158, parágrafo único, do CPC/1973), ocorrida depois do trânsito em julgado da sentença que havia reconhecido de vínculo de emprego. Nesse cenário, não poderia se valer de decisão prolatada em outro processo (Processo n. 58100-43.1999.5.02.0020), no qual se examinou questão diversa (ocorrência de rescisão indireta), para fazer ressurgir o seu direito de pleitear o pagamento de verbas decorrentes da relação de emprego, sendo que em relação a elas já havia manifestado a sua vontade de desistir, por meio do ato processual já consumado no processo. Importante realçar que, malgrado o vínculo de emprego reconhecido em favor do reclamante tenha se concretizado na fase cognitiva, nada impediria que ele desistisse do cumprimento da sentença transitada em julgado, no todo ou em parte, como estabelece o artigo 569, *caput*, do CPC/1973. E no caso, é incontroverso que o reclamante/exequente, mesmo sabendo da possibilidade de cumprimento da decisão em epígrafe, optou por desistir da execução, como ele próprio admitiu no processo. Não bastasse, o seu pedido de desistência foi devidamente homologado pelo juízo, assumindo feição de ato jurídico perfeito e acabado, para o qual não cabe retratação. Além disso, observa-se que com a apresentação do pleito de desistência, o reclamante acabou adotando postura de que não tinha interesse de executar a sentença, levando a reclamada a se surpreender com conduta posterior contraditória, consistente em requerer o início da execução, quando já passados quase 24 anos da consumação do seu ato. No particular, incide a preclusão lógica, a qual impede que a parte pratique determinado ato ou requeira providência judicial as quais sejam incompatíveis com a sua conduta processual anterior. Precedentes do STJ. Nesse contexto, diversamente do que entendeu o Tribunal Regional, não há como considerar regular a pretensão do reclamante de dar seguimento ao cumprimento da sentença, quando em momento processual anterior já havia manifestado interesse de não continuar com a execução da mencionada decisão, apresentando pedido de desistência devidamente homologado, que se tornou ato jurídico perfeito e acabado. Desse modo, tem-se que a Corte Regional, ao decidir sobre a matéria, violou a letra do artigo 5º, XXXVI, da Constituição Federal. Recurso de revista de que se conhece e a que se dá provimento " (RR-19700-68.1986.5.02.0002, 4ª Turma, Relator Ministro Guilherme Augusto Caputo Bastos, DEJT 13/01/2023).

"AGRAVO DE INSTRUMENTO. 1. RECURSO INTERPOSTO CONTRA DECISÃO PROFERIDA NA VIGÊNCIA DA LEI N. 13.467/2017. TEMAS DO RECURSO DE REVISTA: A) ENTREGADOR MOTORIZADO (MOTOBOY). UTILIZAÇÃO DE PLATAFORMA DIGITAL. VÍNCULO DE EMPREGO; B) MULTA POR LITIGÂNCIA DE MÁ-FÉ. TRANSCENDÊNCIA JURÍDICA RECONHECIDA. De acordo com o artigo 896-A da CLT, a esta colenda Corte Superior, em sede de recurso de revista, compete examinar previamente a transcendência da causa em relação aos reflexos gerais de natureza econômica, política, social ou jurídica. Nessa perspectiva, por meio do aludido instrumento recursal extraordinário, apenas serão objeto de exame as matérias controvertidas que ultrapassem a esfera dos interesses subjetivos das partes litigantes. Não se pode olvidar que os artigos 926 e 927 do CPC, plenamente aplicáveis nesta Justiça Especializada, reconheceram a função nomofilácica dos Tribunais Superiores, aos quais compete garantir a unidade do Direito, a partir da uniformização da interpretação dos enunciados normativos aplicáveis às demandas de sua competência. Desse modo, ao Tribunal Superior do Trabalho é atribuído o encargo de uniformizar a interpretação dos enunciados legais e constitucionais em matéria de sua competência, de modo que os precedentes por ele editados deverão ser aplicados pelos demais julgadores e Tribunais Regionais do Trabalho aos casos semelhantes ou idênticos. É inequívoco que o instituto da transcendência, ao possibilitar a seleção de matérias relevantes e de interesse público, confere meios a este Tribunal Superior para o exercício de seu mister, deixando evidente que esta não se trata de mera Corte de revisão. O § 1º do artigo 896-A da CLT estabelece os parâmetros em que é possível reconhecer o interesse público no julgamento da causa e, por conseguinte, a sua transcendência, ao prever os indicadores de ordem econômica, política, jurídica e social. Na espécie, a discussão acerca do reconhecimento de vínculo de emprego com empresa detentora de plataforma digital trata-se de matéria nova, para a qual ainda não há no âmbito deste Tribunal Superior jurisprudência reiterada e pacificada, o que viabiliza o reconhecimento da transcendência jurídica da causa, nos termos do artigo 896-A, § 1º, IV, da CLT. De igual modo a questão atinente à litigância de má-fé que, embora não seja nova, foi inserida pela Lei n. 13.467/2017, dando redação ao novel artigo 793-B da CLT, para o qual não há jurisprudência específica neste Tribunal Superior sob o enfoque do mencionado dispositivo. 2. PRELIMINAR DE NULIDADE POR NEGATIVA DE PRESTAÇÃO JURISDICIONAL. POSSIBILIDADE DE DECIDIR O MÉRITO FAVORAVELMENTE À PARTE RECORRENTE. APLICAÇÃO DO ARTIGO 282, § 2º, DO CPC. A preliminar suscitada não enseja análise no presente apelo, uma vez que, mesmo que se reconhecesse a existência da nulidade apontada, ela não seria objeto de pronunciamento, ante a possibilidade de decidir o mérito do recurso favoravelmente à parte recorrente, na forma autorizada pelo artigo 282, § 2º, do CPC. 3. ENTREGADOR MOTORIZADO (MOTOBOY). UTILIZAÇÃO DE PLATAFORMA DIGITAL. VÍNCULO DE EMPREGO. POSSÍVEL VIOLAÇÃO DOS ARTIGOS 2º E 3º DA CLT. PROVIMENTO. Ante possível violação dos artigos 2º e 3º da CLT, o provimento do agravo de instrumento para o exame do recurso de revista é medida que se impõe. Agravo de instrumento a que se dá provimento. 4. MULTA POR LITIGÂNCIA DE MÁ-FÉ. NÃO DEMONSTRAÇÃO DAS CONDUTAS PREVISTAS NO ARTIGO 793-B DA CLT. PROVIMENTO. Ante possível violação do artigo 793-B da CLT, o provimento do agravo de instrumento para o exame do recurso de revista é medida que se impõe. Agravo de instrumento a que se dá provimento. RECURSO DE REVISTA. 1. ENTREGADOR MOTORIZADO (MOTOBOY). UTILIZAÇÃO DE PLATAFORMA DIGITAL. VÍNCULO DE EMPREGO. VIOLAÇÃO DOS ARTIGOS 2º E 3º DA CLT. PROVIMENTO. Como é cediço, para que se possa reconhecer a existência de vínculo de emprego, é necessário que na relação jurídica mantida entre as partes estejam presentes os elementos configurados do pretendido liame, na forma estabelecida pelos artigos 2º e 3º da CLT. Desse modo, somente há falar em relação de emprego quando devidamente comprovada a não eventualidade dos serviços prestados, a pessoalidade do trabalhador contratado, a subordinação jurídica e a onerosidade. Ausente um desses requisitos, não há falar em vínculo de emprego, e sim em relação de trabalho por meio de atividade em sentido estrito. Importante realçar que o fato de o tomador dos serviços fixar diretrizes e aferir resultados na prestação dos serviços não induz à conclusão de que estaria presente a subordinação jurídica. Isso porque todo trabalhador se submete, de alguma forma, à dinâmica empresarial de quem contrata seus serviços, em razão de ser ela (a empresa) a beneficiária final dos serviços prestados pelo trabalhador. Sendo assim, pode ela perfeitamente supervisionar e determinar a forma de execução das atividades, não cabendo para a espécie o reconhecimento de vínculo decorrente da chamada "subordinação estrutural". Precedentes. No que diz respeito à subordinação jurídica, para que haja a sua configuração, é necessário que estejam presentes na relação todos os elementos que compõem o poder hierárquico do empregador, quais sejam: os poderes diretivo, fiscalizatório, regulamentar e disciplinar, como bem ressaltou o eminente Ministro Alexandre Luiz Ramos no seu voto, no julgamento do RR-10088-46.2015.5.18.0002, de sua relatoria nesta Quarta Turma. Desse modo, inexistindo a convergência concreta de todos esses elementos, não há falar em subordinação jurídica e, por conseguinte, em relação de emprego. Na hipótese, infere-se do acórdão recorrido (voto vencedor) que o Tribunal Regional manteve a sentença que reconheceu o vínculo de emprego do reclamante com a reclamada (IFOOD), por entender que a recorrente se valia de uma intermediadora (FENIX SERVICE) para contratar trabalhadores, sem que essa empresa tivesse qualquer influência na prestação de serviços. Salientou que no sítio eletrônico da reclamada consta como atividade "Delivery de Comida e Mercado", havendo um local de acesso para empregadores, com informações para cadastramento. Também que havia "informações a respeito do que fazer para prestar serviços, elementos e propaganda e orientação das condições de admissão". Enfatizou que no instrumento de intermediação entre a reclamada e a FENIX SERVICE seria possível verificar que a empresa Ifood era beneficiária dos serviços do reclamante e tinha conhecimento disso, vez que exercia controle sobre o que era contratado e podia exigir substituição.

Ressaltou que o referido contrato não se limitava ao fornecimento de plataforma, existindo cláusulas prevendo: não concorrência; entrega de propaganda; realização de escala; normas de comportamento dos motoqueiros; e proibição de contratação de motoqueiro que tivesse se desligado de outra "intermediadora". Em vista disso, entendeu que a relação entre IFOOD e a FENIX era de real proprietário com seu preposto, tudo travestido e maquiado com a finalidade precípua de fraudar as normas de proteção ao trabalho. No voto vencido (o qual é parte integrante do acórdão recorrido, para todos os fins, inclusive para efeito de prequestionamento, nos termos do artigo 941, § 3º, do CPC), consta que no sítio eletrônico da Ifood há três categorias de entregadores (OL, Nuvem e Fixo em Restaurante), sendo que no título "OL" é seguido do texto "você fará parte da equipe de entregadores de um Operador Logístico (de sua escolha) e responderá diretamente para o OL, que será o responsável por fornecer os kits, definir turnos, fazer o repasse e afins". Também há registro de que a reclamada acostou aos autos o contrato de prestação de serviços firmado com a empresa EDSON LOBATO DOS SANTOS — ME, nome fantasia FENIX SERVICE, no qual a iFood se compromete a intermediar serviços de entregas de refeições, bebidas e outros serviços de entregas em favor da FENIX SERVICE. No mesmo voto, ainda é possível extrair as seguintes premissas fáticas: a) que o reclamante admitiu que as ordens as quais recebia eram repassadas pela reclamada ao representante da empresa Fenix, que por sua vez fazia com que as informações chegassem ao reclamante e aos outros motoboys; b) que a prova oral evidenciava que a contratação e seleção dos candidatos eram feitas pelos sócio e colaborador da FENIX, que realizavam a captação dos motofretistas; c) que as escalas de serviços eram elaboradas pela FENIX, por meio de seu colaborador, e repassadas ao demais, pelo aplicativo Telegram, sendo que eventuais ausências deveriam ser reportadas a esse colaborador, para que providenciasse a substituição; d) que o próprio reclamante confessou que as ordens eram passadas pelo sócio e colaborador da FENIX, por meio do Telegram, de modo que, se havia subordinação, essa se dava em relação à empresa FENIX; e) que, conforme demonstravam os extratos bancários, os pagamentos dos trabalhadores eram efetuados pela Fenix Service (Operadora Logística), sendo que eventual problema era reportado ao colaborador dessa empresa; f) que os cursos e treinamentos eram ministrados pela FENIX. Desse modo, considerando-se as premissas fáticas delineadas no acórdão recorrido (votos vencido e vencedor), não há como reconhecer vínculo de emprego entre o reclamante e reclamada (iFood). Ora, como evidenciado, a reclamada apenas mantinha contrato de prestação de serviço com a empresa empregadora (Fenix Service), com o objetivo de intermediar entrega de refeições, inexistindo, na espécie, a presença de quaisquer dos elementos configuradores do pretendido liame empregatício. Na verdade, o reclamante sequer mantinha relação direta com a reclamada, se valendo do aplicativo da iFood tão somente para exercer suas funções de motoboy para a empresa prestadora de serviços (Fenix Service), sendo esta última quem selecionava, contratava, fixava escalas de trabalho, emitia ordens, efetuava substituição, realizava treinamentos e fazia os pagamentos dos trabalhadores, como evidenciado no acórdão recorrido. Aliás, como bem frisado no voto vencido, o perfil do reclamante na plataforma da empresa reclamada se enquadrava na categoria de entregador "OL", ou seja, fazia parte da equipe de um Operador Logístico, no caso, da Fenix Service, sendo ela a responsável pela execução do serviço de entrega, como "fornecer os kits, definir turnos, fazer o repasse e afins". Ademais, não restou demonstrada fraude no contrato firmado entre a reclamada e a Fenix Service, sendo certo que o simples fato de a empresa de plataforma estabelecer critérios para a utilização do seu aplicativo, direcionadas ao bom funcionamento do serviço de entrega, não se caracteriza subordinação jurídica; tampouco configura fraude o simples fato de o endereço da empresa que atua como Operador Logístico (Fenix Service) situar em área residencial. A propósito, mesmo que fosse declarada como irregular a contratação do reclamante pela Fenix Service (Operador Logístico), o que não é o caso, não haveria como reconhecer o vínculo de emprego entre o autor e a iFood. Isso porque, consoante já decidido por esta Quarta Turma, no trabalho prestado por meio de plataforma digital, inexistem os requisitos exigidos pelos artigos 2º e 3º da CLT para a configuração da relação de emprego (RR-10555-54.2019.5.03.0179, 4ª Turma, Relator Ministro Ives Gandra Martins Filho, DEJT 05.03.2021; AIRR-10575-88.2019.5.03.0003, 4ª Turma, Relator Ministro Alexandre Luiz Ramos, DEJT 11.09.2020). Sendo assim, tem-se que o Tribunal Regional, ao reconhecer o vínculo de emprego entre o reclamante e a reclamada, sem a demonstração dos requisitos estabelecidos nos artigos 2º e 3º, da CLT, acabou por violar a letra dos mencionados preceitos. Recurso de revista de que se conhece e a que se dá provimento. 2. MULTA POR LITIGÂNCIA DE MÁ-FÉ. NÃO DEMONSTRAÇÃO DAS CONDUTAS PREVISTAS NO ARTIGO 793-B DA CLT. PROVIMENTO. É de sabença que as partes possuem o dever de atuar com lealdade processual, motivo pelo qual o legislador estabeleceu sanção para aquele que praticar uma das condutas com o fim de prejudicar a parte contrária. Nesse sentido, a Lei n. 13.467/2017 inseriu no artigo 793-B, de forma taxativa, as hipóteses em que caracterizada a litigância de má-fé, dentre elas a alteração da verdade dos fatos e a provocação de incidente manifestamente infundado. Para a condenação por litigância de má-fé, ressalte-se, além de a conduta estar enquadrada em uma das hipóteses previstas no aludido dispositivo, deve ser demonstrado o dolo do agente, isto é, a sua intenção de praticar o ato processual temerário, com o fim de prejudicar a parte contrária. No caso, verifica-se que não restou evidenciada a deslealdade processual por parte da reclamada, nos moldes previstos no artigo 793-B da CLT, na medida em que apenas formulou tese de defesa, com o propósito de demonstrar que não mantinha relação de emprego com o reclamante, não podendo meros argumentos ser considerados como distorção dos fatos. Ademais, entendendo não manter vínculo de emprego com o autor, nada impediria que postulasse o chamamento ao processo da empresa que considerava ser a verdadeira empregadora, não se caracterizando tal demanda como incidente manifestamente infundado. Desse modo, revela-se flagrante que o Tribunal Regional, ao condenar a reclamada ao pagamento de multa por litigância de má-fé, afrontou os termos do artigo 793-B da CLT. Recurso de revista de que se conhece e a que se dá provimento. 4. TEMAS REMANESCENTES DO RECURSO DE REVISTA. Como consequência do provimento do recurso de revista, em que se afastou o vínculo de emprego, deixa de subsistir o dano moral reconhecido em decorrência do mesmo fato, calcado na tese de que houve contratação irregular do reclamante por parte da reclamada. Desse modo, como corolário, fica excluída a condenação do pagamento de compensação por dano moral imputado à empresa recorrente. Pelas mesmas razões, fica prejudicado o exame dos demais temas remanescentes do recurso de revista" (RR-1001345-92.2019.5.02.0371, 4ª Turma, Relator Ministro Guilherme Augusto Caputo Bastos, DEJT 13.01.2023).

2. PRINCÍPIOS PROBATÓRIOS

Inicialmente, podemos dizer que princípio é onde se começa algo. É o início, o ponto de partida, a origem, o começo, a causa de algo. Entretanto, não é este o conceito de princípio que nos interessa conhecer, mas sim o seu significado perante o Direito.

Celso Antônio Bandeira de Mello[(23)] esclarece que "princípio é, por definição, mandamento nuclear de um sistema, verdadeiro alicerce dele, disposição fundamental que se irradia sobre diferentes normas compondo-lhes o espírito e servindo de critério para sua exata compreensão e inteligência, exatamente por definir a lógica e a racionalidade de sistema normativo, no que lhe confere a tônica e lhe dá sentido harmônico".

Portanto, é este o significado que nos é importante saber, é de acordo com os princípios que todos os elementos do processo (partes, juiz e auxiliares da Justiça) norteiam suas atitudes. Os princípios possuem função de auxiliar na interpretação das normas e de integrar, quando suprem lacunas normativas.

Neste capítulo, discorreremos acerca dos princípios do Direito Processual do Trabalho, mais especificamente dos princípios relativos à prova, demonstrando sua importância por meio da incidência que produzem no procedimento probatório.

São eles:

2.1 PRINCÍPIOS DO CONTRADITÓRIO E DA AMPLA DEFESA:

Elencado no art. 5º, LV, da CF/88[(24)], este princípio determina que as partes têm o direito de se manifestarem reciprocamente sobre as provas apresentadas e

(23) MELLO, Celso Antônio Bandeira de. *Curso de direito administrativo*. 20. ed. São Paulo: Malheiros, 2006. p. 85.

(24) Art. 5º Todos são iguais perante a lei, sem distinção de qualquer natureza, garantindo-se aos brasileiros e aos estrangeiros residentes no País a inviolabilidade do direito à vida, à liberdade, à igualdade, à segurança e à propriedade, nos termos seguintes: LV — aos litigantes, em processo judicial

devem ter igualdade de oportunidade na demonstração delas, sendo respeitado o momento de sua produção.

Ressalta-se que, "na atual concepção de direito processual à luz do Estado Democrático de Direito, o processo deve ser visto como palco de discussões, figurando a tópica como o método de atuação do magistrado e dos outros participantes do processo. Logo, o objetivo da prova não é mais a reconstrução do fato, mas o convencimento do juiz e dos demais sujeitos do processo acerca da veracidade das alegações a respeito do fato" (LEITE, Carlos Henrique Bezerra, Curso de Direito Processual do Trabalho, 9ª edição, 2011, p. 575).

Assim, ao mesmo tempo que a prova tem como destinatário o convencimento do juízo, as partes possuem o direito à ampla defesa (CF, 5º, LV) e o de "lançar bases para a compreensão de uma ou várias proposições" (LEITE, Carlos Henrique Bezerra, *idem*).

É verdade que a prova dos autos não é produzida estritamente para análise do juízo de primeiro grau. A utilidade e necessidade da prova devem ser analisadas como um todo (em conjunto), já que o juízo revisor, em caso de recurso ordinário ou adesivo de quaisquer das partes, deverá reexaminar, em segundo grau, o conjunto probatório dos autos.

Quando a prova (oral, judicial, documental) for apresentada em juízo por uma parte, a parte contrária terá o direito de impugná-la de acordo com os meios previstos em lei, podendo até realizar a denominada contraprova, que tem por objetivo eliminar a prova realizada pela parte contrária, constituindo-se numa outra prova.

Os princípios refletem o direito de ser ouvido, de se manifestar, de influir na decisão do julgador.

Segundo Mauro Schiavi[(25)]:

> "Por este princípio, as partes têm o direito de produzir todas as provas que a lei lhes faculta, tanto os meios legais como os moralmente legítimos (art. 332 do CPC/73). Também deve o juiz assegurar às partes igualdade de oportunidades quanto à produção das provas. De outro lado, toda prova produzida em juízo deve estar sob o chamado crivo do contraditório, ou seja, da prova produzida por uma parte, tem a parte contrária o direito de impugná-la. Em razão disso, a parte deve sempre ser cientificada das provas produzidas pelo adversário, tendo a faculdade de impugná-la".

---

ou administrativo, e aos acusados em geral são assegurados o contraditório e ampla defesa, com os meios e recursos a ela inerentes.

(25) SCHIAVI, Mauro. *Manual de direito processual brasileiro*. 2. ed. São Paulo: LTr, 2008. p. 453.

Podemos concluir que a aplicação deste princípio é extremamente necessária, pois é deste confronto de provas que será possível o surgimento da verdade.

Veja-se jurisprudência sobre o tema:

"I — AGRAVO EM AGRAVO DE INSTRUMENTO EM RECURSO DE REVISTA INTERPOSTO PELO RECLAMANTE ANTERIORMENTE À LEI 13.467/2017. NEGATIVA DE PRESTAÇÃO JURISDICIONAL. DOENÇA OCUPACIONAL. ACIDENTE DE TRABALHO. LAUDO PERICIAL DESCONSIDERADO. NEXO CAUSAL AFASTADO. OMISSÃO. EXISTÊNCIA DE PROVA DOCUMENTAL. Constatada possível violação do art. 93, IX, da Constituição Federal, é de se prover o agravo para adentrar no exame do agravo de instrumento. Agravo provido. II — AGRAVO DE INSTRUMENTO EM RECURSO DE REVISTA INTERPOSTO PELO RECLAMANTE ANTERIORMENTE À LEI 13.467/2017. NEGATIVA DE PRESTAÇÃO JURISDICIONAL. DOENÇA PROFISSIONAL. ACIDENTE DE TRABALHO. LAUDO PERICIAL DESCONSIDERADO. NEXO CAUSAL AFASTADO. OMISSÃO. EXISTÊNCIA DE PROVA DOCUMENTAL. Demonstrada possível violação do art. 93, IX, da Constituição Federal, impõe-se o provimento do agravo de instrumento para determinar o processamento do recurso de revista. Agravo de instrumento provido. III — RECURSO DE REVISTA INTERPOSTO PELO RECLAMANTE ANTERIOR À LEI 13.467/2017. RECURSO DE REVISTA INTERPOSTO PELO RECLAMANTE ANTERIOR À LEI 13.467/2017. NEGATIVA DE PRESTAÇÃO JURISDICIONAL. DOENÇA PROFISSIONAL. ACIDENTE DE TRABALHO. LAUDO PERICIAL DESCONSIDERADO. NEXO CAUSAL AFASTADO. OMISSÃO. EXISTÊNCIA DE PROVA DOCUMENTAL. Embora não exista controvérsia sobre a atividade de risco desempenhada pelo reclamante (montador de ferragens de navio), o regional afastou o nexo de causalidade entre a doença do reclamante e o trabalho. Em sede de embargos de declaração, o reclamante alegou que "Nos autos constam, claramente, receituário médico com data de 26/07/2014 prescrevendo medicamento para dor e exame de tomografia datado de 29/07/2014 comprovando a doença (ou seja, antes da demissão em 04/08/2014)". O reclamante afirma que a sentença registrou que "existe receituário médico do dia 26.07.14 no qual se vê a apresentação de medicação para dor e no dia 29 (dois dias depois) a tomografia, onde já se apresentava a protusão afirmada pelo perito. Portanto, em que pese o laudo médico de afastamento fosse de 07.08.14 quando o contrato já havia sido rompido, certo que na época o Autor já estava doente e, considerando o contrato por experiência esmerava-se para garantir o posto de trabalho, tanto que continuou trabalhando com dor". Não obstante o poder decisório do juízo, o afastamento da conclusão do laudo pericial requer do juízo a análise de todas as outras provas do processo e uma fundamentação sólida da decisão, de maneira a detalhar os motivos que formaram sua convicção, nos termos do art. 93, IX, da Constituição Federal, sob pena de, deixando de analisar provas essenciais ao deslinde da controvérsia, incorrer em negativa de prestação jurisdicional. No caso, a instancia extraordinária está impedida de reavaliar fatos e provas por óbice da Súmula 126 do TST, no entanto, ao considerar que o reclamante não se desincumbiu do ônus de provar a existência de acidente por equiparação (doença ocupacional, nos termos do pedido "d" da inicial), e afastar o laudo pericial que atestou a existência de nexo de causalidade em razão de depoimento de testemunha, sem considerar outras provas do processo, o Regional prejudicou o reenquadramento jurídico da matéria. Em sede de embargos de declaração, o reclamante requereu a manifestação do juízo sobre o receituário médico com data de 26/07/2014 prescrevendo medicamento para dor e exame de tomografia datado de 29/07/2014 comprovando a doença (ou seja, antes da demissão em 04/08/2014). Considerando-se a natureza eminentemente fática do ponto sobre o qual recai a questão controvertida, a ausência de manifestação do TRT acerca do teor da prova apontada pela parte evidencia vício na fundamentação do acórdão, além de comprometer a análise de eventual controvérsia sobre a questão de fundo em sede extraordinária. A manifestação sobre os documentos apresentados pode corroborar a tese de nexo de causalidade entre o adoecimento e o trabalho atestada pelo laudo pericial, de forma a atrair a aplicação do art. 118 da Lei 8.2013/91. Recurso de revista conhecido e provido" (RR-Ag-AIRR-11036-23.2014.5.01.0284, 8ª Turma, Relatora Ministra Delaide Alves Miranda Arantes, DEJT 06/03/2023).

"AGRAVO DE INSTRUMENTO DO MUNICÍPIO DE SÃO PAULO. RECURSO DE REVISTA. VIGÊNCIA DAS LEIS Nos 13.015/2014 E 13.467/2017. RESPONSABILIDADE SUBSIDIÁRIA. ENTE INTEGRANTE DA ADMINISTRAÇÃO PÚBLICA. CULPA *IN VIGILANDO*. TRANSCENDÊNCIA POLÍTICA RECONHECIDA. Discute-se nos autos a responsabilidade subsidiária atribuída ao ente público. O Supremo Tribunal Federal, no julgamento da ADC 16 e do RE 760.931, em que fixou tese de repercussão geral (Tema 246), explicitou que a atribuição da respectiva responsabilidade a ente da administração pública não é automática e depende de prova efetiva de sua conduta culposa quanto à fiscalização da prestadora de serviços, o que não decorre de presunção nem do mero inadimplemento das obrigações trabalhistas pela prestadora de serviços. As premissas fáticas registradas no acórdão do Tribunal Regional, insuscetíveis de revisão nessa esfera recursal a teor da Súmula 126 do TST, evidenciam que a responsabilidade subsidiária imputada à administração pública não decorreu do mero inadimplemento, mas da inefetividade da fiscalização quanto ao cumprimento das obrigações trabalhistas pela prestadora de serviços. Nestes termos, a decisão proferida pelo Tribunal Regional está em harmonia com o entendimento expresso na Súmula 331, V, do TST. Incidência do artigo 896, § 7º, da CLT e da Súmula 333 do TST. Agravo de instrumento a que se nega provimento. RECURSO DE REVISTA DO RECLAMANTE. VIGÊNCIA DAS LEIS Nos 13.015/2014 E 13.467/2017. PEDIDOS LÍQUIDOS. LIMITES DA LIDE. IMPOSSIBILIDADE DE LIMITAÇÃO DA CONDENAÇÃO AOS VALORES ATRIBUÍDOS AOS PEDIDOS NA PETIÇÃO INICIAL. INTERPRETAÇÃO TELEOLÓGICA DO ART. 840, §1º, DA CLT. INAFASTABILIDADE DO *JUS POSTULANDI* E DOS PRINCÍPIOS DO AMPLO ACESSO À JURISDIÇÃO (ART. 5º, XXXV, DA CF), DIGNIDADE DA PESSOA HUMANA (ART. 1º, III, DA CF), PROTEÇÃO SOCIAL DO TRABALHO (ART. 1º, IV, DA CF), DO CONTRADITÓRIO E DA AMPLA DEFESA (ART. 5º, LV DA CF), DA IMEDIAÇÃO (ART. 820, DA CLT), DA INFORMALIDADE, SIMPLICIDADE, DISPOSITIVO. INEXISTÊNCIA DE VIOLAÇÃO DOS ARTIGOS 141, §2º E 492, DO CPC. APLICAÇÃO DA REGRA ESPECIAL PREVISTA NA IN 41/2018 C/C ART. 840, §1º, DA CLT. VALORES INDICADOS NA PETIÇÃO COMO MERA ESTIMATIVA. DESNECESSIDADE DE INDICAÇÃO DE RESSALVA QUANTO AO CARÁTER ESTIMADO DOS VALORES. 1. Trata-se de recurso de revista com fulcro no art. 896, c, da CLT, em que se pretende a reforma do acórdão regional recorrido quanto à limitação da condenação aos valores atribuídos a cada pedido apresentado já na exordial. O recorrente aponta violação ao art. 840, §1º, da CLT, com a redação conferida pela Lei n. 13.467/2017. 2. A adequada interpretação jurídica das alterações promovidas pela Lei n. 13.467/2017 aos parágrafos 1º e 2º do artigo 840, da CLT proporciona impacto na prática trabalhista, eis que introduz novos requisitos aos pedidos trazidos nas petições iniciais protocolizadas nas Varas do Trabalho. 3. A exigência de se consignar, na petição inicial, pedidos certos e determinados já era observada nas reclamações trabalhistas, uma vez que a antiga redação do art. 840, §1º, da CLT não continha detalhes acerca do conteúdo e especificações do pedido. Assim, aplicavam-se subsidiariamente (arts. 769, da CLT e 15, do CPC) os artigos 322 e 324 do CPC, quanto à necessidade de que os pedidos fossem certos e determinados. Com a entrada em vigor da Lei n. 13.467/2017, o §1º do art. 840, da CLT torna-se norma específica que disciplina os requisitos da petição inicial no processo do trabalho. Portanto, além de estipular que os pedidos devem ser certos e determinados, inaugura-se a obrigatoriedade de que cada um contenha a indicação de seu valor. 4. Sob este viés, a exigência de indicação do valor dos pedidos determinada pelo artigo 840, §1º, da CLT objetiva que, desde a petição inicial, as partes delimitem, com razoável destreza, o alcance de sua pretensão. 5. A despeito disso, a redação do artigo 840, §1º, da CLT de determinação de indicação do valor na petição inicial não é inédita no sistema processual trabalhista. Desde os anos 2000, por meio do art. 852-B, I, da CLT (introduzida pela Lei n. 9.957/2000), passou-se a exigir que as petições iniciais submetidas ao rito sumaríssimo fossem líquidas, por se tratarem de causas que, dada a natureza, possuem condições de ser examinadas de forma mais célere pela Justiça do Trabalho, 6. Assim, o artigo 840, §1º, da CLT passou a prever uma equivalência entre os requisitos da petição inicial das ações submetidas ao rito sumaríssimo e àquelas sob o rito ordinário, cuja natureza das demandas, no entanto, tende a ser de ordem mais complexa. 7. Efetivamente, antes das alterações promovidas pela Lei n. 13.467/2017 nas ações submetidas ao rito ordinário, o *quantum debeatur* era estabelecido em fase própria de certificação, qual seja, a liquidação de sentença. Ou seja, apenas depois de ultrapassada toda a instrução processual, orientada pelo princípio da imediação, previsto no art. 820 da CLT, com a respectiva colheita de provas e análise de cada uma delas, iniciava-se o momento processual de liquidação dos pedidos. 8. Por força das determinações legais de serem apresentados pedidos certos e determinados, o sistema processual trabalhista então vigente, como houvera de ser, detinha preservados a ampla defesa e o contraditório do réu, que tinha ao seu dispor a possibilidade de contestar cada um dos pedidos, seja na fase de conhecimento, seja na de liquidação. 9. Isto é, o novo comando do art. 840, §1º, da CLT incorpora às demandas trabalhistas sob o rito ordinário critérios técnicos jamais antes exigidos e, uma vez não cumpridos, ter-se-á como consequência, a extinção do processo sem resolução de mérito, conforme determina o também novo §3º, do art. 840, da CLT. Com isso, passou-se a atribuir aos reclamantes o encargo processual de, para ingressar com uma demanda trabalhista, apresentar valores que venham a corresponder ao objeto dos pedidos, sem antes se ter iniciada a fase de instrução processual. 10. Inobstante, o rigor técnico exigido pelo art. 840, §1º, da CLT, interpretado de forma dissociada das demais normas e princípios que regem a processualística trabalhista, conduz a um estreitamento do *jus postulandi* (art. 791, da CLT), que historicamente é uma das características que mais singularizam, em essência, a jurisdição trabalhista. A *contrario sensu*, preservando-se essa orientação, mesmo com a nova redação do artigo 840, §1º, da CLT manteve-se a orientação de que, na petição inicial, basta "uma breve exposição dos fatos", uma vez que as partes, via de regra, não possuem conhecimentos técnicos para formular ' fundamentos jurídicos do pedido. 11. Nesse cenário, a interpretação gramatical do dispositivo pode conduzir à mitigação do *jus postulandi*, em desatenção ao princípio do amplo acesso à jurisdição (art. 5º, XXXV, da CF). 12. A determinação de indicação dos valores dos pedidos nas causas submetidas ao rito ordinário tem como reflexo a controvérsia trazida pela parte recorrente em seu recurso de revista, qual seja, a eventual vinculação ou limitação da condenação aos valores atribuídos a cada pedido apresentado já na exordial. 13. De fato, de acordo com a regra da congruência entre os pedidos formulados na ação e a condenação arbitrada (arts. 832, da CLT e arts. 141, §2º e 492, do CPC), nos termos do disciplinado nos arts. 141 e 492 do CPC, os valores indicados na petição inicial de forma líquida limitariam àqueles arbitrados na condenação, sob pena de se incorrer em decisão extra, ultra ou *citra petita*. 14. A partir desse cenário, a natureza do conflito trabalhista submetido à apreciação desta Corte perpassa, entre outros, a averiguação acerca da (im)possibilidade de se determinar que a condenação limite-se a exatamente os valores indicados para cada pedido na petição inicial, sob pena de violação aos artigos 141 e 492 do CPC . 15. No caso concreto, diferentemente do que entendeu o acórdão regional recorrido, no que diz respeito à indicação dos pedidos liquidados na petição inicial, a dicção dos dispositivos acima deve ser cotejada não só com uma interpretação teoleológica do art. 840, §1º, da CLT, como também com os princípios da informalidade e da simplicidade, que orientam toda a lógica processual trabalhista. A partir desses princípios, no âmbito desta Justiça Especializada, não se pode exigir das partes reclamantes que, para que recebam a integralidade das verbas a que realmente fazem jus ao final de uma demanda trabalhista, correndo o risco de uma decisão *citra*, *ultra* ou *extra petita*, submetam-se, eventualmente, às regras de produção antecipada de prova e/ou contratação de serviço contábil especializado, a fim de liquidar com precisão cada um dos pedidos para adimplir a exigência do artigo 840, §1º, da CLT e, somente depois disso, ajuizar uma demanda trabalhista. Interpretação nesse sentido afrontaria, a um só tempo, o princípio da oralidade e o dispositivo, que, em conjunto, asseguram às partes reclamantes o direito de ir a juízo pleitear as verbas que entendem lhe serem devidas. 16. Ou seja, a análise sobre a necessidade de limitação do valor da condenação àqueles previamente apresentados na exordial deve ser orientada por uma perspectiva teleológica do direito processual do trabalho, cuja interpretação dos dispositivos que o integram deve, pois, ser sempre norteada pelos princípios do amplo acesso à jurisdição (art. 5º, XXXV, da CF), dignidade da pessoa humana (art. 1º, III, da CF), proteção social do trabalho (art. 1º, IV, da CF). 17. Em atenção a isso e considerando o impacto do art. 840, §1º, da CLT na processualística trabalhista, assim como a necessidade de oferecer ao jurisdicionado a segurança jurídica indispensável a possibilitar estabilidade das relações processuais, este Tribunal Superior do Trabalho aprovou a Instrução Normativa n. 41/2018, que determina que "Para fim do que dispõe o art. 840, §§ 1º e 2º, da CLT, o valor da causa será estimado, observando-se, no que couber, o disposto nos arts. 291 a 293 do Código de Processo Civil". 18. A interpretação do art. 840, §1º, da CLT, aliada aos princípios mencionados permite chegar à conclusão de que, tendo o reclamante apresentado, em sua petição inicial, pedido certo e determinado com indicação de valor — estimado —, por um lado, atende-se à exigência do art. 840, §1º, da CLT. Por outro lado, possibilita ao polo passivo o integral exercício da ampla defesa e do contraditório, assegurados pelo artigo 5º, LV, da CF. Trata-se, assim, de interpretação que observa os princípios constitucionais do trabalho, conferindo, igualmente, efetivamente ao referido artigo celetista. 19. Assim, a Instrução Normativa n. 41/2018 ao se referir ao "valor estimado da causa" acaba por delimitar que o pedido apresentado na petição inicial "com indicação de seu valor" a que se refere o art. 840, §1º, da CLT deve ser considerado de forma estimada, eis que inexiste nos dispositivos do CPC a que faz remissão a instrução normativa qualquer delimitação em sentido contrário. O artigo 291, do CPC, pertinente à análise ora empreendida apenas se refere à necessidade de indicação de "valor certo" da causa, inexistindo, portanto, qualquer obrigação de liquidação do valor da causa, tampouco do pedido, com efeito vinculativo à condenação. Ainda, considerando-se a necessária aplicação supletiva do CPC à hipótese, a ausência de indicação de valores na petição inicial não deve ter como consequência a extinção do feito sem resolução do mérito, devendo-se oportunizar à parte a possibilidade de saneamento do defeito, no prazo de 15 dias, por aplicação analógica da Súmula n. 263 deste TST c/c arts. 4º, 6º e 317 do CPC. 20. Nesse mesmo sentido, interpretando a redação do parágrafo 2º do artigo 12 da IN 41/2018 em confronto com as exigências do art. 840, §1º, da CLT e, igualmente dos artigos 141 e 492 do CPC, este Tribunal Superior do Trabalho acumula precedentes no sentido de que os valores constantes nos pedidos apresentados de forma líquida na exordial devem ser considerados apenas como fim estimado, não havendo limitação da condenação àquele montante. 21. Por fim, não se ignora que a Eg. SBDI-1, do TST, em precedente publicado em 29/05/2020 (E-ARR-10472-61.2015.5.18.0211, Subseção I Especializada em Dissídios Individuais, Relator Ministro Walmir Oliveira da Costa) firmou entendimento de que a parte autora, ao formular pedidos com valores líquidos na petição inicial, sem registrar qualquer ressalva, limita a condenação a tais parâmetros, por expressa dicção do art. 492 do CPC. Ocorre que o precedente em questão configura situação singular, eis que o recurso de embargos analisado foi interposto em ação ajuizada antes da entrada em vigor da Lei n. 13.467/2017 e, portanto, da alteração do art. 840, §1º, da CLT c/c Instrução Normativa 41/2018. Assim, não sem razão, a matéria não foi analisada sob a ótica destas normas. Portanto, trata-se o caso concreto de hipótese que revela singularidades quanto àquela analisada pela Subseção I Especializada em Dissídios Individuais, razão pela qual esta Turma não fica a ela vinculada. 22. A partir do exposto, na hipótese vertente, em que a inicial foi ajuizada em 11/12/2018, incidem as normas processuais previstas na CLT após as alterações da Lei 13.467/2017. Portanto, os valores constantes nos pedidos apresentados de forma líquida na reclamação trabalhista devem ser considerados como mera estimativa, não sendo necessária qualquer ressalva e/ou indicação de se tratarem de valores estimados, eis que já devem ser assim considerados por força da Instrução Normativa n. 41/2018 c/c art. 840, §1º, da CLT e dos princípios constitucionais que regem o processo do trabalho, em especial os princípios do amplo acesso à jurisdição (art. 5º, XXXV, da CF), dignidade da pessoa humana (art. 1º, III, da CF), proteção social do trabalho (art. 1º, IV, da CF). Recurso de revista de que se conhece e a que se dá provimento" (RRAg-1000710-20.2021.5.02.0702, 3ª Turma, Relator Ministro Alberto Bastos Balazeiro, DEJT 03.03.2023).

2.2 PRINCÍPIO DA NECESSIDADE DA PROVA:

Por este princípio, as partes devem comprovar a veracidade de suas alegações, ou seja, não basta alegar, a parte deve provar. É necessário que a parte faça prova de suas alegações, pois os fatos não provados configuram-se inexistentes no mundo jurídico.

E, ainda deve-se advertir que a prova será produzida, somente quando fundamental à declaração ou conservação do direito.

Vale a releitura do item 1.4 sobre o tema.

2.3 PRINCÍPIO DA UNIDADE DA PROVA:

A prova não deve ser analisada isoladamente, ela deve ser apreciada no seu conjunto, como um todo.

Por exemplo, conforme elencado no item 1.4, ainda que haja a confissão, ela é analisada em seu conjunto, e não de forma isolada em cada uma de suas partes. Se houver divergência entre laudo pericial e prova testemunhal, cabe ao juiz examinar ambos para formar o seu convencimento motivado.

O intuito sempre vai ser a busca pela verdade dos fatos, a verdade vivenciada no cotidiano laboral.

Outrossim, caberá ao julgador demonstrar na decisão os motivos que o levaram a conferir valor a um meio de prova e negá-lo a outro.

Atenção ao julgado sobre o tema:

RECURSO ORDINÁRIO EM AÇÃO RESCISÓRIA. 1. Horas extras. Violação literal dos arts. 5º, LV, da Constituição Federal, 302, III, 333, 373, parágrafo único, do CPC. Não caracterização. 1.1. Nos termos do art. 302 do CPC, cabe ao réu manifestar-se precisamente sobre os fatos narrados na petição inicial, presumindo-se verdadeiros os fatos não impugnados. 1.2. No caso, a reclamada, ora autora, apresentou defesa oral genérica, o que atraiu a presunção de veracidade dos horários lançados na petição inicial da reclamação trabalhista. 1.3. Presumida a veracidade da jornada apontada na exordial, não se cogita de ofensa literal aos arts. 5º, LV, da Constituição Federal e 333, I, do CPC, na medida em que o art. 334, III, do CPC dispõe que não dependem de prova os fatos admitidos, no processo, como incontroversos. 1.4. Também não se cogita de ofensa literal do art. 373, parágrafo único, do CPC, pois infirmados os horários anotados nos cartões de ponto colacionados aos autos pela inobservância do ônus da defesa especificada pela reclamada, ora autora. 1.5. Por outro lado, o inciso III do art. 302 do CPC afasta a presunção de veracidade dos fatos não impugnados se estiverem em contradição com a defesa, considerada em seu conjunto. Tal dispositivo legal pressupõe uma impugnação implícita pela reclamada, o que não se verifica com a simples afirmação em audiência impugna todos os pedidos do autor. Nada mais.

2. Adicional de periculosidade. Perícia técnica. Obrigatoriedade. Violação do art. 195, § 2º, da CLT. Não caracterização. 2.1. A obrigatoriedade da realização da perícia técnica, na forma do art. 195, § 2º, da CLT, não é absoluta. 2.2. No caso em exame, o empregador não impugnou a alegação de labor em condições de risco, o que traiu os efeitos da parte final do *caput* do art. 302 do CPC. 2.3. Ademais, no acórdão rescindendo, foi delimitado, com base em prova documental, que o empregador pagava o adicional de periculosidade à função exercida pelo réu — Técnico especialista em operação de sistema. 2.4. Tendo em vista os termos dos arts. 334, III, e 420, II, do CPC, não se cogita de violação literal do art. 195, § 2º, da CLT. Recurso Ordinário conhecido e desprovido. (Tribunal Superior do Trabalho — TST; ROAR n. 601.500-60.2006.5.09.0909; Segunda Subseção de Dissídios Individuais; rel. min. Emmanoel Pereira; DEJT 11.3.2011; p. 124.)

2.4 PRINCÍPIO DA PROIBIÇÃO DA PROVA OBTIDA ILICITAMENTE:

As partes têm o dever de agir com lealdade em todos os atos processuais, sobretudo na produção de prova. A Constituição Federal, em seu art. 5º, LVI(26), veda as provas obtidas por meios ilícitos, visando a resguardar o princípio da legalidade e a dignidade do processo.

O escólio de Cintra, Ada e Dinamarco(27) traduz que:

> "A Constituição de 1988, pondo cobro a uma discussão ainda então aberta na doutrina e jurisprudência, declarou 'inadmissíveis, no processo, as provas obtidas por meio ilícito' (art. 5º, inciso LVI). Não se trata, pois, de admitir a prova obtida ilicitamente, em nome do princípio da verdade real ou outro qualquer, para depois responsabilizar quem praticou o ilícito (civil, penal, administrativo) — mas simplesmente de impedir que tais provas venham ao processo ou nela permaneçam".

Importante salientar que as provas ilícitas são aquelas que ferem normas do direito material, pois são obtidas por meio de ato ilícito e as provas que violam norma processual são as chamadas ilegítimas.

Entretanto, este princípio não é absoluto. Segundo Carlos Henrique Bezerra Leite(28):

---

(26) Art. 5º Todos são iguais perante a lei, sem distinção de qualquer natureza, garantindo-se aos brasileiros e aos estrangeiros residentes no País a inviolabilidade do direito à vida, à liberdade, à igualdade, à segurança e à propriedade, nos termos seguintes: LVI — são inadmissíveis, no processo, as provas obtidas por meios ilícitos.

(27) CINTRA, Carlos de Araújo; GRINOVER, Ada Pellegrini; DINAMARCO, Cândido Rangel. *Teoria geral do processo*. 20. ed. São Paulo: Malheiros, 2004. p. 350.

(28) LEITE, Carlos Henrique Bezerra. *Curso de direito processual do trabalho*. 8. ed. São Paulo: LTr, 2010. p. 548.

"O princípio da proibição de prova ilícita vem sendo mitigado, em casos concretos, com base nos princípios da proporcionalidade (ou da razoabilidade), segundo o qual não se deve chegar ao extremo de negar validade a toda e qualquer prova obtida por meios ilícitos, como, por exemplo, uma gravação sub-reptícia utilizada por empregada que deseja fazer prova de que fora vítima de assédio sexual pelo seu empregador ou superior hierárquico, sem o conhecimento deste".

É importante destacarmos que a simples presença da prova ilícita nos autos não é capaz de invalidar o processo. Sendo assim, retiradas as provas obtidas por meios ilícitos, se restarem, além disso, provas autônomas, independentes, não contaminadas pelas provas ilícitas, ao magistrado restará dar prosseguimento ao processo.

Desse modo, caso identificado "provas ilícitas", elas serão "desentranhadas" dos autos, e, restando prova lícita autônoma no processo, ele continua a correr.

Concluindo, temos ainda neste princípio a aplicação da "Teoria dos Frutos da Árvore Envenenada" (*fruits of the poisonous tree*), já aplicada pelo Supremo Tribunal Federal, segundo a qual todas as provas conseguidas a partir de outra prova ilícita são, igualmente, ilícitas, ou seja, a prova ilícita contamina todas as demais provas produzidas a partir dela.

2.5 PRINCÍPIO DO LIVRE CONVENCIMENTO MOTIVADO DO JUIZ:

O ordenamento jurídico brasileiro adota este princípio, que é também chamado pela doutrina de princípio da persuasão racional. Ele se opõe ao sistema da certeza legal, pois, neste, o valor das provas já estaria preestabelecido em lei; dessa maneira, o juiz não teria nenhuma liberdade para apreciá-las. Este sistema foi criado, pois havia certo medo de que houvesse um arbítrio judicial. Nesse sistema havia, também, uma hierarquia de provas, o que impedia o juiz de aceitar provas que a lei não especificasse.

De acordo com o princípio do livre convencimento motivado, o juiz forma a sua convicção apreciando livremente o valor das provas nos autos, ou seja, é possível que ele firme seu convencimento sobre a verossimilhança dos fatos da causa da forma que quiser. Entretanto, essa liberdade não pode converter-se em arbítrio, pois cabe a ele motivar o seu raciocínio. Deve apresentar e fundamentar os motivos que o levaram a formar seu entendimento.

Marcelo Abelha Rodrigues[29] explica perfeitamente a essência deste princípio:

"Pelo sistema adotado no direito processual civil brasileiro, não há uma pré-valoração da prova, nem um peso de valor, de modo que o juiz está

(29) RODRIGUES, Marcelo Abelha. *Manual de direito processual civil*. 4. ed. São Paulo: Revista dos Tribunais, 2008. p. 193.

livre para valorar a prova dentro do conjunto probatório na busca do seu convencimento acerca da lide proposta. Todavia, do mesmo modo que a lei permite a liberdade na valoração, RESRINGE — aos elementos constantes dos autos, ainda que não alegados pelas partes. Trata-se da aplicação da máxima 'o que não está nos autos não está no mundo', cristalizada no princípio da verdade formal. Isso significa dizer que a valoração das provas pelo magistrado é livre dentro do continente processual. Assim, deve decidir com base no que está presente nos autos (verdade formal)".

Ressalta-se que a verdade formal é aquela que emerge dos autos, é a verdade que o juiz busca de acordo com a análise das provas e alegações das partes dentro do processo. Pois, caso o Estado-Juiz julgasse com base na verdade real, o resultado seria a abolição dos princípios do devido processo legal, do contraditório e da ampla defesa, o que, indubitavelmente, favoreceria o surgimento do arbítrio.

Este princípio está previsto expressamente no art. 371 do Código de Processo Civil de 2015, que determina que *"O juiz apreciará a prova constante dos autos, independentemente do sujeito que a tiver promovido, e indicará na decisão as razões da formação de seu convencimento"*.

Sendo que na Consolidação das Leis Trabalhistas está implicitamente previsto no art. 765[(30)], que confere ao juiz ampla liberdade na condução do processo e no art. 832[(31)], que determina constar da sentença "a apreciação das provas" e "os fundamentos da decisão".

Acreditamos que esse procedimento não é absoluto. Na prática, não basta que o julgador decida com base na sua convicção (análise subjetiva), sendo certo que esta deve ser devidamente fundamentada e motivada com amparo no conjunto probatório e na correta aplicação das fontes.

Por isso, deve-se afastar a motivação, "ao meu ver"; "ao meu sentir", "não é porque", por exemplo.

Destaque ao estabelecido no art. 489 do CPC (art. 15 do CPC e arts. 769 e 832 da CLT):

> Art. 489. São elementos essenciais da sentença:
>
> I — o relatório, que conterá os nomes das partes, a identificação do caso, com a suma do pedido e da contestação, e o registro das principais ocorrências havidas no andamento do processo;
>
> II — os fundamentos, em que o juiz analisará as questões de fato e de direito;

---

(30) Art. 765. Os Juízos e Tribunais do Trabalho terão ampla liberdade na direção do processo e velarão pelo andamento rápido das causas, podendo determinar qualquer diligência necessária ao esclarecimento delas.

(31) Art. 832. Da decisão deverão constar o nome das partes, o resumo do pedido e da defesa, a apreciação das provas, os fundamentos da decisão e a respectiva conclusão.

III — o dispositivo, em que o juiz resolverá as questões principais que as partes lhe submeterem.

§ 1º Não se considera fundamentada qualquer decisão judicial, seja ela interlocutória, sentença ou acórdão, que:

I — se limitar à indicação, à reprodução ou à paráfrase de ato normativo, sem explicar sua relação com a causa ou a questão decidida;

II — empregar conceitos jurídicos indeterminados, sem explicar o motivo concreto de sua incidência no caso;

III — invocar motivos que se prestariam a justificar qualquer outra decisão;

IV — não enfrentar todos os argumentos deduzidos no processo capazes de, em tese, infirmar a conclusão adotada pelo julgador;

V — se limitar a invocar precedente ou enunciado de súmula, sem identificar seus fundamentos determinantes nem demonstrar que o caso sob julgamento se ajusta àqueles fundamentos;

VI — deixar de seguir enunciado de súmula, jurisprudência ou precedente invocado pela parte, sem demonstrar a existência de distinção no caso em julgamento ou a superação do entendimento.

§ 2º No caso de colisão entre normas, o juiz deve justificar o objeto e os critérios gerais da ponderação efetuada, enunciando as razões que autorizam a interferência na norma afastada e as premissas fáticas que fundamentam a conclusão.

§ 3º A decisão judicial deve ser interpretada a partir da conjugação de todos os seus elementos e em conformidade com o princípio da boa-fé.

Vejamos o julgado sobre o tema:

AÇÃO RESCISÓRIA. DECISÃO REGIONAL QUE, AFASTANDO A TESE DE INCAPACIDADE ABSOLUTA DO EMPREGADO PARA A PRÁTICA DE ATOS DA VIDA CIVIL, PRONUNCIA A PRESCRIÇÃO EXTINTIVA DO DIRETO DE AÇÃO. ERRO DE FATO NÃO CONFIGURADO. PROVA FALSA NÃO CARACTERIZADA. 1. Tendo havido controvérsia na lide originária em torno da capacidade civil do empregado na data em que fez sua adesão ao plano de demissão voluntária e, tendo sido considerada a tese de ambas as partes e as provas oral e documental colhidas no processo matriz para se chegar à conclusão que não havia causa impeditiva para o transcurso do prazo prescricional, de se concluir que a presente ação, pela senda do erro de fato, esbarra no óbice da Orientação Jurisprudencial 136 da SBDI-2 do TST e do art. 485, IX, § 2º, do CPC. 2. Por outro lado, considerando que a decisão rescindenda não se baseou apenas nos atestados, laudos e relatórios médicos para, considerando a capacidade civil do reclamante para a prática de atos da vida civil, pronunciar a prescrição extintiva do direito de ação, já que remanescem elementos de prova a respaldar tal conclusão, de se concluir que também não procede o pleito rescisório com fulcro em falsidade ideológica de todo o conjunto de declarações médicas juntadas ao processado originário. 3. Ademais, tendo o julgado observado as teses de ambas as partes e as provas oral e documental produzidas na ação trabalhista principal, em atenção ao princípio da persuasão racional calcado no livre convencimento motivado (CPC, art. 131), de se concluir, por fim, que para se adotar a tese do obreiro em sentido contrário, seria indispensável o revolvimento do conjunto fático probatório do processo matriz, o que é defeso em sede de ação rescisória, a teor da Súmula n. 410 do TST, aliada à circunstância de a rescisória não se prestar a ser utilizada como sucedâneo de recurso ou a corrigir eventual injustiça perpetrada no *decisum*. Recurso Ordinário desprovido. (Tribunal Superior do Trabalho TST; RO n. 19.300-32.2009.5.10.0000; Segunda Subseção de Dissídios Individuais; rel. min. Maria Doralice Novaes; DEJT 17.6.2011; p. 392.)

2.6 PRINCÍPIO DA ORALIDADE:

Segundo este princípio, as provas devem ser realizadas, preferencialmente, na audiência de instrução e julgamento, ou seja, oralmente e na presença do juiz.

Está elencado no art. 449 do Código de Processo Civil de 2015(32), que preleciona que salvo disposição especial em contrário, as testemunhas devem ser ouvidas na sede do juízo.

No processo do trabalho, este princípio tem maior ênfase e está presente em alguns normativos, destacamos o art. 845 da Consolidação das Leis Trabalhistas, que vaticina: "*O reclamante e o reclamado comparecerão à audiência acompanhados das suas testemunhas, apresentando, nesta ocasião, as demais provas*"; e o art. 852-H, que diz "*Todas as provas serão produzidas na audiência de instrução e julgamento, ainda que não requeridas previamente. (...)*"

São características da oralidade: a identidade física do juiz, a concentração dos atos em audiência, a irrecorribilidade das decisões interlocutórias e a imediatidade do juiz e da parte.

2.7 PRINCÍPIO DA IMEDIAÇÃO:

De acordo com Renato Saraiva(33), no que diz respeito a este princípio:

> "As provas devem ser produzidas para o juiz, destinatário da prova. Nesse contexto, é o magistrado que dirige o processo, determinando as provas a serem produzidas pelas partes".

---

(32) Art. 449. Salvo disposição especial em contrário, as testemunhas devem ser ouvidas na sede do juízo.

Parágrafo único. Quando a parte ou a testemunha, por enfermidade ou por outro motivo relevante, estiver impossibilitada de comparecer, mas não de prestar depoimento, o juiz designará, conforme as circunstâncias, dia, hora e lugar para inquiri-la. Salvo disposição especial em contrário, as provas devem ser produzidas em audiência.

(33) SARAIVA, Renato. *Curso de direito processual do trabalho*. 5. ed. São Paulo: Método, 2008. p. 372.

Em outras palavras, o juiz, como diretor do processo, é quem colhe, direta e indiretamente, as provas. É ele quem adquire a prova junto às partes e testemunhas e recebe os esclarecimentos dos peritos e assistentes técnicos.

Conforme disposto no art. 765 da Consolidação das Leis Trabalhistas: "*Os juízos e Tribunais do Trabalho terão ampla liberdade na direção do processo e velarão pelo andamento rápido das causas, podendo determinar qualquer diligência necessária ao esclarecimento delas*".

O princípio da imediação, também, está previsto no art. 848 da Consolidação das Leis Trabalhistas, que faculta ao juiz interrogar os litigantes e no art. 852-D (procedimento sumaríssimo), que confere ao juiz ampla liberdade para determinar as provas a serem produzidas, considerando o ônus probatório de cada litigante, podendo, ainda, dar especial valor às regras de experiência comum ou técnica.

Segundo Marcelo Abelha Rodrigues(34):

> "Há o abrandamento deste princípio quando a prova tiver de ser feita em território ou circunscrição judiciária diversa do foro da causa, é o denominado pela doutrina de prova de fora da terra, ou, simplesmente, prova de fora. Ocorrerá este tipo de prova, quando ocorrer razões de impossibilidade prática, tais como, saúde da testemunha e dificuldade de transporte ou por economia, se justificada a colheita da prova por outro juízo. Ela pode ser feita por carta precatória (art. 201 do Código de Processo Civil), quando produzida no território nacional, ou rogatória (art. 338 do Código de Processo Civil/73), quando produzida no estrangeiro".

Vejamos o seguinte aresto:

EMBARGOS DECLARATÓRIOS EM RECURSO DE REVISTA. MULTA PELA OPOSIÇÃO DE EMBARGOS DECLARATÓRIOS. Inviável o recurso de embargos, sob o enfoque da denunciada ofensa ao art. 5º, XXIV, XXXV e LV, da CLT, tendo em vista que foi interposto na vigência da Lei n. 11.496/2007, que, alterando o art. 894 da CLT, não previu a admissibilidade deste recurso por ofensa a Lei ou à Constituição Federal. Também não ficou evidenciada divergência com o julgado à fl. 411, porque inespecífico à luz da Súmula n. 296 do TST. Enquanto a V. Decisão embargada manteve a condenação, no particular, ao fundamento de que, como entendeu o Tribunal Regional, a parte tinha oposto embargos declaratórios contra decisão que já tinha apreciado, de forma clara e fundamentada, a ausência de pedido de horas extras referentes aos minutos anteriores à jornada, o citado paradigma adota a seguinte tese. Não há como divisar o caráter protelatório dos Embargos de Declaração opostos pelo Reclamante, maior beneficiário da celeridade do processo. Ademais, o tema de mérito ainda suscita controvérsia. Recurso de Embargos não conhecido.

---

(34) RODRIGUES, Marcelo Abelha. *Manual de direito processual civil*. 4. ed. São Paulo: Revista dos Tribunais, 2008. p. 192.

HORAS EXTRAS E REFLEXOS — LIMITE DA PETIÇÃO INICIAL. Tendo em vista que o recurso de embargos foi interposto na vigência da Lei n. 11.496/2007, que conferiu nova redação ao art. 894 da CLT, incabível a pretensão, sob o prisma de possível violação dos arts. 93, IX, da Constituição Federal; 765 da CLT e 131 do CPC. Os arestos colacionados não autorizam também o conhecimento do recurso, dada a ausência da especificidade exigida pela Súmula n. 296 do TST. Enquanto a e. Turma não conheceu do Recurso de Revista, entendendo que os dispositivos indicados não tinham relação com a matéria *sub judice* e por serem inespecíficos os paradigmas apresentados, a jurisprudência trasladada no recurso de embargos não ataca esses fundamentos; o primeiro julgado à fl. 412 assenta que o pedido de pagamento do adicional de 100% referente às horas extras engloba o pedido de adicionais inferiores, e o segundo adota tese de que, provado robustamente o direito à hora extra, deve prevalecer o julgado que deferiu o labor extraordinário. Já o paradigma à fl. 413 afirma que a análise do magistrado, por amostragem, dos espelhos dos cartões de ponto, não afronta o princípio de igualdade no tratamento das partes, principalmente se elas puderam se manifestar e comprovar suas alegações. Recurso de Embargos integralmente não conhecido. (Tribunal Superior do Trabalho — TST; E-ED-RR n. 62.900-19.2007.5.02.0252; Primeira Subseção de Dissídios Individuais; rel. min. Horácio Raymundo de Senna Pires; DEJT 17.6.2011; p. 285.)

2.8 PRINCÍPIO DA AQUISIÇÃO PROCESSUAL:

A prova produzida, por qualquer uma das partes, fica incorporada e adquirida pelo processo, dele não podendo mais ser retirada ou desentranhada.

O juiz formará sua convicção de acordo com a verdade demonstrada nos autos, independentemente de quem as tenha explanado. Não é relevante ao magistrado quem produziu a prova que será responsável pelo seu parecer sobre a veracidade dos fatos.

Sobre este princípio, Marcelo Abelha Rodrigues[35] assevera:

> "(...) independentemente da parte que a requereu ou a produziu, a prova adquirida pelo processo poderá servir de fundamento à convicção do magistrado para julgar a lide. Em outras palavras, significa dizer que, por tal princípio, o juiz pode julgar em desfavor daquele que requereu e produziu a prova".

Como exceção, há situações especiais legalmente autorizadas, que estão previstas nos arts. 234 e 432 (*caput*) e parágrafo único, do Código de Processo Civil de 2015. Vejamos:

Artigo 234. Os advogados públicos ou privados, o defensor público e o membro do Ministério Público devem restituir os autos no prazo do ato a ser praticado. O

(35) RODRIGUES, Marcelo Abelha. *Manual de direito processual civil*. 4. ed. São Paulo: Revista dos Tribunais, 2008. p. 192.

advogado pode restituir os autos no prazo legal. Não o fazendo, mandará o juiz, de ofício, riscar o que neles houver escrito e desentranhar as alegações e documentos que apresentar.

Artigo 432. Depois de ouvida a outra parte no prazo de 15 (quinze) dias, será realizado o exame pericial.

Parágrafo único. Não se procederá ao exame pericial se a parte que produziu o documento concordar em retirá-lo.

Novamente, sobre a prática trabalhista, com relação à prova nos autos, pode ocorrer de o perito que produziu a prova técnica juntada por uma das partes nos autos ser suspeito (alegação de "motivo de foro íntimo", por exemplo). Neste caso, a prova não deve ser merecida, pois, por óbvio, não há imparcialidade. Todavia, na maioria das situações, ainda que a prova seja viciada, o juízo não determina a sua exclusão. Quando há cooperação e boa-fé das partes, pode haver uma convenção para sua exclusão dos autos. Situação essa bem excepcional...

2.9 PRINCÍPIO DA IDENTIDADE FÍSICA DO JUIZ:

Em que pese a relevância do referido princípio, o CPC/2015 não o recepcionou de forma explícita (art. 366[(36)]).

Entendemos que é de capital importância que o juiz, seja titular ou substituto, que concluir a audiência de instrução e julgamento, seja aquele que proferirá a sentença de mérito. Isto porque, em razão da sua participação na condução dessa fase do processo e do colhimento das provas, ele tem melhores condições para analisar minuciosamente a questão envolvida e julgar de forma mais coerente os fatos.

Sem deixar de mencionar a economia e celeridade processuais ao não precisar repetir a produção de provas já constantes nos autos, ressalvadas, certamente, as exceções previstas em lei. P. ex.: convocação pelo Tribunal, licença, afastamento, promoção ou aposentadoria, ocasião em que outro magistrado poderá sentenciar o processo.

Registre-se que no processo digital a situação é menos complexa, pois o juiz pode ter acesso ao processo de onde estiver, bem como enviar as informações, via sistema, ao cartório.

Entretanto, na prática estamos observando que o procedimento, não raras vezes, acaba por comprometer a produção da prova ou esclarecimentos dos auxiliares do juízo.

O que ocorre na verdade é que o magistrado não quer interferir no processo do colega, deixando tudo para que o juiz vinculado decida no exercício do livre convencimento motivado.

---

(36) Art. 366. Encerrado o debate ou oferecidas as razões finais, o juiz proferirá sentença em audiência ou no prazo de 30 (trinta) dias.

E o que é pior, a decisão é irrecorrível. Ou seja, somente por intermédio do recurso ordinário (processo de conhecimento) a questão pode ser levada a instância superior.

De certa forma, isso compromete a garantia constitucional do direito ao contraditório e à ampla defesa.

Ao tratar do CPC/73, entende Marcelo Abelha Rodrigues, que o dispositivo sofreu inúmeras alterações, prova disso é a Lei n. 8.637/93, que alterou a redação do art. 132, ampliando a hipótese de desvinculação do magistrado e fixando a regra de que o juiz que termina a audiência de instrução e julgamento é o juiz que deve proferir a sentença de mérito, ou seja, não mais o juiz que inicia a referida audiência.

Ao enfrentar o tema no artigo "Polêmicas Supressão do Novo CPC"(37), o doutrinador Fernando Rubin assevera que:

> "O Novo CPC, Lei n. 13.105/2015, causa ainda maior perplexidade ao suprimir do sistema o art. 132, *caput* do Código Buzaid, a explicitar o princípio da identidade física do juiz. Entendemos que se trata de verdadeiro princípio, a favor da oralidade, da colaboração e da aproximação do julgador da realidade da causa concreta, razão pela qual não pode simplesmente ser afastado, pelo operador do direito, em face de inexistência de previsão legal. A *ratio* do novo sistema adjetivo se coloca, em linhas gerais, justamente no sentido de nivelamento e aproximação do magistrado para com as partes, sugerindo inclusive a realização de três audiências antes da prolação de sentença — (a) audiência inicial para acordo e contestação; (b) audiência de saneamento — para prosseguimento da lide nos termos ajustados; e (c) audiência de instrução e julgamento — para coleta, especialmente, da prova oral. Mais adequado, assim, que o mesmo magistrado realize tais movimentos em busca da cognição exauriente da causa, mantendo-se no controle do feito (ao menos a partir do saneamento), com postura ativa, até a prolação da decisão final e encerramento da sua jurisdição. Se se trata realmente de princípio, como acreditamos (9), e não de uma mera técnica processual, como pode ser simplesmente suprimido do sistema processual? O instituto da identidade física é relevante para o

---

(37) PP — Portal Processual — Direito Processual Civil, artigo publicado em 7.10.2015, acesso em 16.8.2016.

9. Atrelado a outros princípios inerentes à prova, mantidos pelo Novo CPC, como os seguintes mencionados por Bento Duarte e Zulmar de Oliveira Jr. — necessidade, ampla defesa e contraditório, unidade, oralidade, igualdade, imediação, proibição da prova ilícita, lealdade, legalidade e distribuição do ônus da prova: Princípios do processo civil, com remissões ao projeto do Novo CPC. São Paulo: Método, 2012. p. 108/109.

10. Tesoriere, na Itália, bem trabalhou os conceitos de diferenciação entre 'técnica' e 'princípio' processual: Contributo allo studio delle preclusioni nel processo civile. Padova: CEDAM, 1983. p. 14.

11. MARINONI, Luiz Guilherme; ARENHART, Sérgio Cruz; MITIDIERO, Daniel. *Novo curso de processo civil*. v. 1. São Paulo: RT, 2015. p. 538.

> regular fechamento da atividade jurisdicional de primeiro grau e, por isso então deve ser confirmado como verdadeiro princípio processual, ao passo que considerado não em si mesmo, mas no seu complexo, organizado em sistema dentro da estrutura processual, decorrente de uma evolução (processual) histórica, com vista ao direito e precípuo funcionamento desta estrutura, garantindo às partes uma solução razoavelmente rápida e coerente da causa posta (10). A surpresa com a exclusão do conhecido art. 132 do Código Buzaid vem sendo anunciada pela doutrina, a qual indica, ao menos, que é possível extrair do art. 366 do Novo Codex fundamento para a sua manutenção no ordenamento infraconstitucional. Trata-se de comando que prevê que encerrados os debates na audiência de instrução, deve o juiz proferir sentença imediatamente ou em trinta dias (11) ...

A Súmula n. 136 do C. TST foi cancelada (Pleno do C. TST em 14.9.2012). Veja o antigo texto:

> Súmula n. 136 do TST
>
> JUIZ. IDENTIDADE FÍSICA (mantida) — Resolução n. 121/2003, DJ 19, 20 e 21.11.2003
>
> Não se aplica às Varas do Trabalho o princípio da identidade física do juiz (ex-Prejulgado n. 7).
>
> Precedentes:
>
> <http://aplicacao5.tst.jus.br/consultaunificada2/downloadAcordao.servlet?anoProc=1963&numProc=523&codFase=ERR>, AC n. TP 168/1964 — Min. Fortunato Peres Júnior
>
> DO-GB 31.8.1964 — Decisão por maioria
>
> Histórico:
>
> Redação original — RA n. 102/1982, DJ 11.10.1982 e DJ 15.10.1982
>
> N. 136 Não se aplica às Juntas de Conciliação e Julgamento o princípio da identidade física do juiz (ex-Prejulgado n. 7).

3. PROVAS EM ESPÉCIE

Para que se possa melhor entender o tema proposto por este capítulo, podemos fazer a seguinte pergunta: como provar?

A resposta é encontrada na conjugação de dois artigos. Segundo o art. 5º, LVI, da Constituição Federal: "*São inadmissíveis, no processo, as provas obtidas por meios ilícitos*"; e, de acordo com o art. 369 do Código de Processo Civil de 2015: "*As partes têm o direito de empregar todos os meios legais, bem como os moralmente legítimos, ainda que não especificados neste Código, para provar a verdade dos fatos em que se funda o pedido ou a defesa e influir eficazmente na convicção do juiz*".

No dizer de Alexandre de Paula[38]: "As provas judiciárias e circunstanciais continuam admitidas no processo, como meios lógicos a serviço do juiz, que lhes dará a valoração devida, aplicando as regras da experiência (CPC/73, art. 335 — artigo correspondente no NCPC/375)".

Analisaremos, portanto, os meios de prova mais utilizados no processo do trabalho.

3.1 DEPOIMENTO PESSOAL — INTERROGATÓRIO:

Primeiro, faz-se necessário distinguir estes dois termos. No âmbito do processo civil, à luz dos arts. 385 e 386 do Código de Processo Civil de 2015, é clara a distinção.

Vejamos a redação dos artigos em comento:

> Art. 385. Cabe à parte requerer o depoimento pessoal da outra parte, a fim de que esta seja interrogada na audiência de instrução e julgamento, sem prejuízo do poder do juiz de ordená-lo de ofício.

---

(38) PAULA, Alexandre de. *Código de processo civil anotado*. 7. ed. São Paulo: RT, 1998. p. 1599.

> § 1º Se a parte, pessoalmente intimada para prestar depoimento pessoal e advertida da pena de confesso, não comparecer ou, comparecendo, se recusar a depor, o juiz aplicar-lhe-á a pena.
>
> § 2º É vedado a quem ainda não depôs assistir ao interrogatório da outra parte.
>
> § 3º O depoimento pessoal da parte que residir em comarca, seção ou sub-seção judiciária diversa daquela onde tramita o processo poderá ser colhido por meio de videoconferência ou outro recurso tecnológico de transmissão de sons e imagens em tempo real, o que poderá ocorrer, inclusive, durante a realização da audiência de instrução e julgamento.
>
> Art. 386. Quando a parte, sem motivo justificado, deixar de responder ao que lhe for perguntado ou empregar evasivas, o juiz, apreciando as demais circunstâncias e os elementos de prova, declarará, na sentença, se houve recusa de depor.

Sendo assim, muito embora tanto o interrogatório como o depoimento pessoal objetivem a obtenção de esclarecimentos sobre os fatos da causa, há algumas diferenças entre eles, conforme explica Renato Saraiva(39), senão vejamos:

- O interrogatório sempre é determinado de ofício pelo juiz, enquanto o depoimento pessoal pode também ser requerido pela parte contrária;
- O interrogatório pode ser determinado pelo juiz em qualquer estado do processo, enquanto o depoimento pessoal deve ser colhido na audiência de instrução e julgamento;
- O interrogatório pode repetir-se várias vezes, enquanto o depoimento pessoal é único;
- O interrogatório tem em vista a obtenção de certos esclarecimentos sobre os fatos, enquanto o depoimento tem por objetivo principal a confissão, embora não despreze os esclarecimentos.

Já no Processo do Trabalho, ora aparece o vocábulo depoimento, ora aparece a palavra interrogatório, não nos parecendo que haja qualquer distinção. Vejamos o que a Consolidação das Leis Trabalhistas nos diz:

> Art. 819. O depoimento das partes e testemunhas que não souberem falar a língua nacional será feito por meio de intérprete nomeado pelo juiz ou presidente.
>
> Art. 848. Terminada a defesa, seguir-se-á a instrução do processo, podendo o presidente, *ex officio* ou a requerimento de qualquer juiz temporário, interrogar os litigantes.

Levando em consideração a literalidade do art. 848 da Consolidação das Leis Trabalhistas, temos que, em regra, o interrogatório dos litigantes será determinado de ofício pelo magistrado trabalhista, o que não impede que uma das partes requeira o

(39) SARAIVA, Renato. *Curso de direito processual do trabalho*. 5. ed. São Paulo: Método, 2008. p. 383.

depoimento pessoal da outra. Pois, o art. 848 deve ser interpretado sistematicamente com o art. 820 da mesma consolidação, que diz: "As partes e testemunhas serão inquiridas pelo juiz ou presidente, podendo ser reinquiridas, por seu intermédio, a requerimento dos juízes classistas, das partes, seus representantes ou advogados".

Logo, qualquer das partes pode requerer, por seu intermédio, o interrogatório recíproco. Esse entendimento encontra amparo no princípio da ampla defesa e contraditório, previsto no art. 5º, LV, da Constituição Federal, devendo, por isso, a norma infraconstitucional consolidada amoldar-se ao novo direito constitucional processual.

Vale mencionar que a Consolidação das Leis Trabalhistas consagrou o sistema do interrogatório determinado pelo juiz, sendo assim, constitui-se numa faculdade de o magistrado interrogar as partes (em razão de seu livre convencimento). Sendo assim, o requerimento de uma das partes pode ser validamente indeferido, desde que o juiz fundamente a sua decisão, sem que isso, necessariamente, configure cerceio do direito de defesa, isto é, desde que a sentença se funde em outros elementos probatórios carreados aos autos.

3.2 CONFISSÃO REAL E FICTA:

Estabelece o art. 389 do Código de Processo Civil de 2015 que: *"Há confissão, judicial ou extrajudicial, quando a parte admite a verdade de fato contrário ao seu interesse e favorável ao do adversário"*.

A confissão será judicial, quando for realizada no curso do processo e extrajudicial, quando realizada fora do processo. A respeito da confissão extrajudicial, temos que ela não deve ser aceita nos domínios do processo do trabalho, caso o confitente seja o empregado, especialmente, se considerarmos a indisponibilidade e irrenunciabilidade dos direitos trabalhistas, assim como pela presunção de coação sofrida pelo obreiro na confissão.

Conforme anteriormente exposto, o objetivo do depoimento pessoal das partes é a obtenção da confissão real, que é a principal prova, chamada de "rainha das provas".

Sendo assim, na confissão real, visa-se o reconhecimento da veracidade dos fatos alegados pelas partes, alcançada com seu próprio depoimento ou feita por procurador com poderes expressos para tal ato.

Segundo Carlos Henrique Bezerra Leite[(40)]:

> "A confissão real goza de presunção absoluta, razão pela qual: a) a parte a quem ela aproveita retira de si o *onus probandi* do fato confessado; b) o

(40) LEITE, Carlos Henrique Bezerra. *Curso de Direito Processual do Trabalho*. 8. ed. São Paulo: LTr, 2010. p. 577.

juiz tem o dever de acatá-la como fator determinante para o deslinde da questão, sendo-lhe lícito, inclusive, relevar pequenos defeitos formais da petição inicial ou da defesa se improcedente o pedido; c) é indivisível, isto é, deve ser considerada por inteiro, não podendo ser aceita no tópico em que beneficia a parte e rejeitada no que lhe for desfavorável (CPC/73, 354 — artigo correspondente no NCPC/395)".

Em relação à confissão ficta, há presunção relativa, razão pela qual apenas prevalece quando não houver outros meios probatórios constantes dos autos capazes de elidi-la, como, por exemplo, a prova documental, a prova testemunhal e, ainda, a confissão real.

A confissão ficta é caracterizada quando não há o comparecimento da parte à audiência em que deveria prestar seu depoimento pessoal, desde que tenha sido devidamente intimada para isso. No entanto, há a possibilidade de a confissão ficta ser afastada do processo, neste caso, quando, existir outra prova pré-constituída nos autos. A esse respeito, a Súmula n. 74 do TST:

> CONFISSÃO. (atualizada em decorrência do CPC de 2015) — Res. 208/2016, DEJT divulgado em 22, 25 e 26.04.2016
>
> I — Aplica-se a confissão à parte que, expressamente intimada com aquela cominação, não comparecer à audiência em prosseguimento, na qual deveria depor. (ex-Súmula n. 74 — RA 69/1978, DJ 26.09.1978)
>
> II — A prova pré-constituída nos autos pode ser levada em conta para confronto com a confissão ficta (arts. 442 e 443, do CPC de 2015 — art. 400, I, do CPC de 1973), não implicando cerceamento de defesa o indeferimento de provas posteriores. (ex-OJ n. 184 da SBDI-1 — inserida em 08.11.2000)
>
> III — A vedação à produção de prova posterior pela parte confessa somente a ela se aplica, não afetando o exercício, pelo magistrado, do poder/dever de conduzir o processo.

Outrossim, a própria Consolidação das Leis Trabalhistas vaticina que caso o autor não compareça à audiência, acarretará o arquivamento da reclamação, e se o réu também não comparecer, não só ocorrerá a revelia, como também a confissão quanto à matéria de fato.

Vale ressaltar, conforme preleciona o art. 385, §§ 1º e 2º, do Código de Processo Civil de 2015[41], caso a parte compareça à audiência e se recuse a responder às

(41) Art. 385. Cabe à parte requerer o depoimento pessoal da outra parte, a fim de que esta seja interrogada na audiência de instrução e julgamento, sem prejuízo do poder do juiz de ordená-lo de ofício.

Correspondência do dispositivo no Código de Processo Civil de 1973 — art. 343 e art. 344.

Jurisprudência Correlata

§ 1º Se a parte, pessoalmente intimada para prestar depoimento pessoal e advertida da pena de confesso, não comparecer ou, comparecendo, se recusar a depor, o juiz aplicar-lhe-á a pena.

perguntas formuladas pelo juiz ou alegue ignorar os fatos relevantes e pertinentes para a solução da lide, também ocorrerá a confissão ficta.

Outra situação em que não é aplicada a confissão ficta é a revelia na ação rescisória. Nesse sentido, a Súmula n. 398 do TST:

> "AÇÃO RESCISÓRIA. AUSÊNCIA DE DEFESA. INAPLICÁVEIS OS EFEITOS DA REVELIA. Na ação rescisória, o que se ataca na ação é a sentença, ato oficial do Estado, acobertado pelo manto da coisa julgada. Assim sendo, e considerando que a coisa julgada envolve questão de ordem pública, a revelia não produz confissão na ação rescisória".

3.3 PROVA TESTEMUNHAL:

Muitos acreditam que a prova testemunhal é o meio mais inseguro para se chegar à verdade dos fatos. Ainda assim, é o mais utilizado no processo do trabalho e, em muitos casos, constitui o único meio de prova nesse ramo do Poder Judiciário.

A justiça se norteia pela qualidade dos depoimentos, e não mais pela quantidade, razão pela qual, não mais permanece no sistema processual brasileiro o antigo aforisma *testis unus testis nullus* que significa "testemunho único, testemunho nulo".

No CPC/2015 não encontramos dispositivo correspondente ao art. 401/ CPC-73, sendo esse o entendimento de Carlos Henrique Bezerra Leite(42), segundo o qual:

> "(...) não se aplica ao processo do trabalho a regra do art. 401 do CPC, segundo o qual a prova exclusivamente testemunhal só se admite nos contratos cujo valor não exceda ao décuplo do salário mínimo. E isto porque a lei trabalhista admite até mesmo o contrato de trabalho tácito, independentemente do seu valor pecuniário, que é, geralmente, a própria remuneração do empregado. Como os fatos comportam inúmeras versões, as testemunhas geralmente carregam a marca da subjetividade em seus relatos, razão pela qual a verificação e a valoração da autenticidade ou não do

---

§ 2º É vedado a quem ainda não depôs assistir ao interrogatório da outra parte.

§ 3º O depoimento pessoal da parte que residir em comarca, seção ou subseção judiciária diversa daquela onde tramita o processo poderá ser colhido por meio de videoconferência ou outro recurso tecnológico de transmissão de sons e imagens em tempo real, o que poderá ocorrer, inclusive, durante a realização da audiência de instrução e julgamento.

Art. 386. Quando a parte, sem motivo justificado, deixar de responder ao que lhe for perguntado ou empregar evasivas, o juiz, apreciando as demais circunstâncias e os elementos de prova, declarará, na sentença, se houve recusa de depor.

(42) LEITE, Carlos Henrique Bezerra. *Curso de Direito Processual do Trabalho*. 8. ed. São Paulo: LTr, 2010. p. 580.

depoimento da testemunha constituem elementos que irão formar o livre convencimento do magistrado (CPC, 131)".

A testemunha pode ser conceituada como sendo aquela pessoa trazida em juízo para depor sobre os fatos constantes do litígio, atestando ou não a veracidade deles e prestando esclarecimentos sobre os fatos indagados pelo juiz.

Todas as pessoas têm o dever e a obrigação de testemunhar a respeito de fatos que são do seu conhecimento e que interessam à causa, salvo se forem incapazes, impedidas ou suspeitas, conforme consta no art. 447 do Código de Processo Civil de 2015:

> Art. 447. Podem depor como testemunhas todas as pessoas, exceto as incapazes, impedidas ou suspeitas.
>
> § 1º São incapazes:
>
> I — o interdito por enfermidade ou deficiência mental;
>
> II — o que, acometido por enfermidade ou retardamento mental, ao tempo em que ocorreram os fatos, não podia discerni-los, ou, ao tempo em que deve depor, não está habilitado a transmitir as percepções;
>
> III — o que tiver menos de 16 (dezesseis) anos;
>
> IV — o cego e o surdo, quando a ciência do fato depender dos sentidos que lhes faltam.
>
> § 2º São impedidos:
>
> I — o cônjuge, o companheiro, o ascendente e o descendente em qualquer grau e o colateral, até o terceiro grau, de alguma das partes, por consanguinidade ou afinidade, salvo se o exigir o interesse público ou, tratando-se de causa relativa ao estado da pessoa, não se puder obter de outro modo a prova que o juiz repute necessária ao julgamento do mérito;
>
> II — o que é parte na causa;
>
> III — o que intervém em nome de uma parte, como o tutor, o representante legal da pessoa jurídica, o juiz, o advogado e outros que assistam ou tenham assistido as partes.
>
> § 3º São suspeitos:
>
> I — o inimigo da parte ou o seu amigo íntimo;
>
> II — o que tiver interesse no litígio.
>
> § 4º Sendo necessário, pode o juiz admitir o depoimento das testemunhas menores, impedidas ou suspeitas.
>
> § 5º Os depoimentos referidos no § 4º serão prestados independentemente de compromisso, e o juiz lhes atribuirá o valor que possam merecer.

Na Consolidação das Leis Trabalhistas, há a previsão do comparecimento das testemunhas, independentemente de intimação, conforme os arts. 825[(43)] e

(43) Art. 825. As testemunhas comparecerão a audiência independentemente de notificação ou intimação.

852-B[44]; a) quando não comparecem, serão intimadas pelo juízo, ficando sujeitas à condução coercitiva, de acordo com os arts. 825, parágrafo único[45], e 852-H, e § 3º[46]; b) incorrerão caso, sem motivo justificado, não atenderem à intimação e à multa, segundo o art. 730 da CLT.

Segundo o art. 829 da Consolidação das Leis Trabalhistas: "*A testemunha que for parente até o terceiro grau civil, amigo íntimo ou inimigo de qualquer das partes, não prestará compromisso, e seu depoimento valerá como simples informação*".

Este dispositivo trata, assim como o art. 447 do Código de Processo Civil de 2015, da suspeição ou impedimento da testemunha. Sobre a testemunha que litiga em face do mesmo empregador em outro processo, existe a Súmula n. 357 do TST, que diz: "NÃO TORNA SUSPEITA A TESTEMUNHA O SIMPLES FATO DE ESTAR LITIGANDO OU DE TER LITIGADO CONTRA O MESMO EMPREGADOR".

Em regra, no processo do trabalho, é admissível que cada parte indique três testemunhas, exceto no caso de inquérito judicial para apuração de falta grave, situação que permite que sejam indicadas até seis testemunhas, conforme disposto no art. 821 da Consolidação das Leis Trabalhistas. Quando se tratar de ação submetida ao procedimento sumaríssimo, são permitidas apenas duas testemunhas para cada parte (CLT, art. 825-H, § 2º).

Há situação peculiar referente à possibilidade da substituição de testemunhas, mesmo que arroladas previamente. Pois, na Justiça do Trabalho, as partes podem comparecer à audiência acompanhadas de suas testemunhas, sendo claro que, na assentada, poderão substituir as testemunhas anteriormente arroladas, de acordo com o previsto no art. 845 da Consolidação das Leis Trabalhistas.

Na prática, amparados no art. 455 do CPC, que estabelece que a intimação da testemunha seja feita pelo advogado, os magistrados solicitam que a parte prove o convite feito à testemunha antes de determinar a sua intimação, sob pena de preclusão de produção de prova, ainda que a lei processual trabalhista não exija tal formalidade (art. 825, CLT).

Excepcionalmente, nas causas submetidas ao procedimento sumaríssimo, a intimação das testemunhas só será feita se a testemunha comprovadamente convidada não comparecer, conforme disposto no art. 852-H, §§ 3º e 4º, da Consolidação das Leis Trabalhistas. A prova do convite deve ser feita preferencialmente pelo correio,

---

(44) Art. 852-B. Nas reclamações enquadradas no procedimento sumaríssimo:

II — não se fará citação por edital, incumbindo ao autor a correta indicação do nome e endereço do reclamado.

(45) Parágrafo único. As que não comparecerem serão intimadas, *ex officio* ou a requerimento da parte, ficando sujeitas a condução coercitiva, além das penalidades do art. 730, caso, sem motivo justificado, não atendam à intimação.

(46) Art. 852-H. Nas reclamações enquadradas no procedimento sumaríssimo:

§ 3º Só será deferida intimação de testemunha que, comprovadamente convidada, deixar de comparecer. Não comparecendo a testemunha intimada, o juiz poderá determinar sua imediata condução coercitiva.

por meio de AR — Aviso de Recebimento, todavia, todos os meios moralmente lícitos também podem ser utilizados.

Muito embora a CLT seja omissa quanto ao momento de contraditar as testemunhas, podemos utilizar subsidiariamente (CLT, art. 769[(47)]) o que preleciona o art. 457, § 1º, do CPC/2015[(48)], que assente que o momento é logo após a sua qualificação e antes que preste o compromisso de dizer a verdade sobre o que sabe e lhe for perguntado.

Cabe consignar um fato que pode ocorrer no decorrer da instrução processual, isto é, a oitiva de testemunha trazida pela outra parte. Tal procedi-mento não causa qualquer nulidade, pois a busca pela verdade real é o que se pretende com a oitiva de testemunha, independentemente de quem a tiver conduzido. A testemunha é do juízo.

3.4 PROVA DOCUMENTAL:

Documento é o meio idôneo utilizado como prova material que vai constatar a existência de um fato. Além dos escritos, podem ser: gráficos, as fotografias, desenhos etc.

A legislação trabalhista pouco versou sobre a prova documental, apenas menciona-a nos arts. 777, 780, 787 e 830 da Consolidação das Leis Trabalhistas. No entanto, é permitida a aplicação subsidiária do Código de Processo Civil, tendo em vista o art. 769 da CLT.

> Art. 777. Os requerimentos e documentos apresentados, os atos e termos processuais, as petições ou razões de recursos e quaisquer outros papéis referentes aos feitos formarão os autos dos processos, os quais ficarão sob a responsabilidade dos escrivães ou chefes de secretaria.
>
> Art. 780. Os documentos juntos aos autos poderão ser desentranhados somente depois de findo o processo, ficando traslado.
>
> Art. 787. A reclamação escrita deverá ser formulada em 2 (duas) vias e desde logo acompanhada dos documentos em que se fundar.
>
> Art. 830. O documento em cópia oferecido para prova poderá ser declarado autêntico pelo próprio advogado, sob sua responsabilidade pessoal.

---

(47) Art. 769. Nos casos omissos, o direito processual comum será fonte subsidiária do direito processual do trabalho, exceto naquilo em que for incompatível com as normas deste Título.

(48) Art. 457. Antes de depor, a testemunha será qualificada, declarará ou confirmará seus dados e informará se tem relações de parentesco com a parte ou interesse no objeto do processo.

§ 1º É lícito à parte contraditar a testemunha, arguindo-lhe a incapacidade, o impedimento ou a suspeição, bem como, caso a testemunha negue os fatos que lhe são imputados, provar a contradita com documentos ou com testemunhas, até 3 (três), apresentadas no ato e inquiridas em separado.

§ 2º Sendo provados ou confessados os fatos a que se refere o § 1º, o juiz dispensará a testemunha ou lhe tomará o depoimento como informante.

§ 3º A testemunha pode requerer ao juiz que a escuse de depor, alegando os motivos previstos neste Código, decidindo o juiz de plano após ouvidas as partes.

O documento oferecido como prova somente será aceito se estiver no original, em certidão autêntica ou cópia autenticada, a qual poderá ser conferida perante o juiz ou o Tribunal (art. 830 da CLT). Caso a parte junte documento de conhecimento comum às partes sem a devida autenticação, este poderá ter validade se a parte contrária não impugná-lo, uma vez que o silêncio enseja o reconhecimento da veracidade do seu conteúdo.

É permitido à parte contra quem foi produzido o documento suscitar o incidente de falsidade. Infelizmente, a CLT não trata desta questão, e dessa forma, é necessária a aplicação subsidiária do CPC/2015, cujo art. 430 decanta: *"A falsidade deve ser suscitada na contestação, na réplica ou no prazo de 15 (quinze) dias, contado a partir da intimação da juntada do documento aos autos"*.

Quando o documento for oferecido antes de encerrada a instrução, a parte o arguirá de falso, em petição dirigida ao juiz da causa, expondo os motivos e os meios com que provará sua alegação. Sendo assim, o incidente será processado nos mesmos autos. Entretanto, se o documento for apresentado depois de encerrada a instrução, ele correrá em apenso aos autos principais. No Tribunal, processar-se-á perante o relator (art. 431, CPC/2015[(49)]).

Assim que é suscitado o incidente de falsidade, o juiz suspende o processo principal. Desse modo, a decisão que resolvê-lo, declarará a falsidade ou autenticidade do documento.

Quando a parte precisar provar suas alegações por meio de documentos que se encontram em poder da outra parte, ela deverá pedir ao juiz que determine sua exibição, sob pena de serem considerados verdadeiros os fatos que a parte interessada pretendia provar com os respectivos documentos.

Sobre a mencionada questão, interessante destaque a utilização na seara trabalhista dos arts. 396 ao 400 do CPC. Na investigação das condições de trabalho, documentos produzidos pela empresa, tais como, PCMSO, PPRA, AET são de extrema importância na investigação da realidade laboral. Tanto é assim que segundo a atual jurisprudência do Colendo TST, tais documentos são aceitos como meio de prova para formar o convencimento do juízo.

Veja-se jurisprudência da Corte Laboral:

AGRAVO. AGRAVO DE INSTRUMENTO. RECURSO DE REVISTA. RECLAMADA. LEI N. 13.467/2017 ADICIONAL DE INSALUBRIDADE. AGENTES QUÍMICOS. CONCLUSÃO DO TRT COM BASE NO PPRA E NOS LAUDOS PERICIAIS DE PROCESSOS ANTERIORES ENVOLVENDO A MESMA RECLAMADA E A MESMA SITUAÇÃO. 1 — Conforme sistemática adotada na Sexta Turma à época da prolação da decisão monocrática, foi reconhecida a transcendência e negado provimento ao

(49) Art. 431. A parte arguirá a falsidade expondo os motivos em que funda a sua pretensão e os meios com que provará o alegado.

agravo de instrumento. 2 — O TRT desconsiderou a conclusão do laudo pericial produzido nestes autos de que os produtos manuseados pelo reclamante não constariam do rol de substâncias insalubres previstas na NR-15 e decidiu com base no PPRA da própria reclamada que aponta a caracterização da insalubridade em grau médio na função de auxiliar de produção, exercida pelo reclamante. A Corte regional, ainda, compartilhou do mesmo entendi-mento assentado na sentença que "decidiu a causa com base em regras de experiência decorrentes de julgamentos anteriores envolvendo a reclamada, conforme laudos técnicos elaborados por outros profissionais que realizaram inspeção na empresa". 3 — A decisão do TRT está em consonância com a jurisprudência majoritária no TST no sentido de que documentos como o PCMSO, PPRA e LTCAT podem ser aceitos como meio de prova quando o julgador entender nas instâncias ordinárias que seja suficiente para formar a sua convicção. Podia o TRT, valorando as provas produzidas, decidir com base no PPRA e nos laudos periciais produzidos em processos anteriores envolvendo a mesma reclamada, valorando-os para o fim de concluir se a atividade exercida era insalubre ou não. Julgados. 4 — Quanto à alegação da agravante de que o agente insalubre (produto "Perkadox") não consta da NR-15 como agente insalubre, não incide no caso a Súmula n. 448, I, do TST quando a própria empresa, por meio de profissionais por ela escolhidos, reconhece a insalubridade em grau médio em PPRA (Programa de Prevenção de Riscos Ambientais), passando a constituir condição mais favorável ao trabalhador. 5 — Os precedentes que deram origem ao item I da Súmula n. 448 do TST tratam da impossibilidade de deferir adicional de insalubridade quando o laudo pericial formulado no processo aponta agente insalubre não categorizado pelo MTE, não incidindo na hipótese na qual a insalubridade é reconhecida pela própria empresa. 6 — Agravo a que se nega provimento" (Ag-AIRR-21017-54.2017.5.04.0101, 6ª Turma, Relatora Ministra Katia Magalhaes Arruda, DEJT 17.09.2021).

Caso o requerido não efetue a exibição do documento, nem faça qualquer declaração no prazo legal ou judicial, ou mesmo, se a recusa for havida por ilegítima, o juiz proferirá decisão admitindo verdadeiros os fatos que, por meio do documento, a parte pretendia provar. Tal decisão é interlocutória, razão pela qual, no processo do trabalho, não há recurso para impugná-la.

A respeito dos documentos eletrônicos, a Lei n. 11.419/2006, que dispõe sobre a produção, juntada e exibição de documentos (acerca do assunto), é aplicável ao Processo do Trabalho. Sobre o tema "os documentos eletrônicos, desde que garantidos quanto à origem e aos seus signatários, serão considerados originais, enquanto os extratos digitais e os documentos digitalizados pelos órgãos da Justiça e seus auxiliares pelo Ministério Público e seus auxiliares, pelas procuradorias, pelas autoridades policiais, pelas repartições públicas em geral e por advogados públicos e privados, têm a mesma força probante dos originais, salvo se houver arguição de falsidade, de forma motivada e fundamentada, consubstanciada em adulteração ocorrida antes ou durante o processo de digitalização. A arguição também será processada eletronicamente".

O juiz também pode determinar a exibição e envio de dados e de documentos necessários à instrução do processo.

O procedimento é essencial na fase da execução de sentença.

3.5 PERÍCIA:

A dicção do art. 156 do CPC/2015 consigna: *"O juiz será assistido por perito quando a prova do fato depender de conhecimento técnico ou científico"*.

Com base no princípio do livre convencimento do juiz, por mais elaborado e detalhado que um laudo possa ser, o juiz não fica adstrito a ele, podendo formar seu convencimento com base em outros fatos ou elementos provados contidos nos autos.

Se o perito prestar informações inverídicas, seja por dolo, seja por culpa, responde pelos prejuízos que vier a causar à parte, ficando inabilitados por dois anos de realizar perícias e incorrerá na sanção que a lei penal estabelecer.

Apenas o perito é nomeado pelo juiz, tendo, portanto, a obrigação de prestar compromisso na execução de sua função perante o juízo. Sendo assim, está sujeito aos impedimentos e suspeições. O assistente técnico que é indicado pelas partes funciona como mero ajudante técnico das partes, não precisando prestar compromisso.

A produção desta prova pode ser requerida pela parte ou determinada, de ofício, pelo juiz. Todavia, caso o pedido verse sobre adicional de insalubridade ou periculosidade, o juiz, em regra, estará obrigado a determinar a realização da perícia, mesmo que o réu seja revel ou tenha confessado os fatos imputados a ele (art. 195, CLT[(50)]).

O art. 790-B da CLT dispõe que a responsabilidade pelo pagamento dos honorários periciais é da parte sucumbente na pretensão objeto da perícia, salvo se beneficiários da justiça gratuita.

Como a indicação do perito assistente é faculdade da parte, a parte que o requereu deverá responder pelos respectivos honorários, ainda que vencedora no objeto da perícia.

Veja a oração da Súmula n. 341 do C. TST, *verbis*:

Súmula n. 341 do TST

HONORÁRIOS DO ASSISTENTE TÉCNICO (mantida) — Resolução n. 121/2003, DJ 19, 20 e 21.11.2003

(50) Art. 195. A caracterização e a classificação da insalubridade e da periculosidade, segundo as normas do Ministério do Trabalho, far-se-ão através de perícia a cargo de Médico do Trabalho ou Engenheiro do Trabalho, registrados no Ministério do Trabalho.

A indicação do perito assistente é faculdade da parte, a qual deve responder pelos respectivos honorários, ainda que vencedora no objeto da perícia.

Segundo a EC n. 45/2004 e a IN n. 27 do TST (art. 6º, parágrafo único), é facultado ao juiz, em relação à perícia, exigir depósito prévio dos honorários periciais nas lides oriundas da relação de trabalho ou distintas da relação de emprego. Como vimos anteriormente, a respeito dos honorários do assistente técnico, o TST já editou a Súmula n. 341.

Quando a perícia tratar sobre apuração de periculosidade ou insalubridade, é válido o laudo elaborado tanto pelo engenheiro quanto pelo médico do trabalho.

Veja a Orientação Jurisprudencial n. 165 da SBDI-1 do C. TST:

"165. PERÍCIA. ENGENHEIRO OU MÉDICO. ADICIONAL DE INSALUBRIDADE E PERICULOSIDADE. VÁLIDO. ART. 195 DA CLT (inserida em 26.3.1999) O art. 195 da CLT não faz qualquer distinção entre o médico e o engenheiro para efeito de caracterização e classificação da insalubridade e periculosidade, bastando para a elaboração do laudo seja o profissional devidamente qualificado".

Ocorrendo o fechamento do estabelecimento, o que ocasionará a impossibilidade de realização de exame pericial para apuração de insalubridade, poderá o juiz valer-se de outros meios de prova para definir o respectivo adicional:

Assim a Orientação Jurisprudencial n. 278 da SDBI-1 do C. TST:

"278. ADICIONAL DE INSALUBRIDADE. PERÍCIA. LOCAL DE TRABALHO DESATIVADO (DJ 11.08.2003) A realização de perícia é obrigatória para a verificação de insalubridade. Quando não for possível sua realização, como em caso de fechamento da empresa, poderá o julgador utilizar-se de outros meios de prova".

Há que destacar a questão da perícia médica realizada por fisioterapeuta na investigação do nexo de causalidade nas ações acidentárias. Havia certa resistência nos Tribunais Regionais do Trabalho. No entanto parece que já fora amenizada. Ou seja, está sendo considerada a conclusão pericial levada a efeito pelo fisioterapeuta.

Não se poderia deixar de trazer à baila o comentário dos pesquisadores José Carlos Manhabusco e Mestre Gianncarlo Camargo Manhabusco[51] quando tratam da responsabilidade do perito:

O art. 12 da Resolução Conselho Federal de Medicina n. 1.488/1998 dispõe que: "O médico de empresa, o médico responsável por qualquer Pro-

---

(51) MANHABUSCO, José Carlos; MANHABUSCO, Gianncarlo Camargo. *Responsabilidade civil objetiva do empregador decorrente de acidente do trabalho e do risco da atividade*. 3. ed. São Paulo: LTr, 2017. p. 124/125.

grama de Controle de Saúde Ocupacional de Empresa e o médico participante do Serviço Especializado em Segurança e Medicina do Trabalho não podem ser peritos judiciais, securitários ou previdenciários, nos casos que envolvam a firma contratante e/ou seus assistidos (atuais ou passados)".

Ao determinar a realização da prova técnica (vistoria e exame), o juízo deve certificar se o profissional é Médico do Trabalho ou Engenheiro do Trabalho e, se está devidamente registrado no Ministério do Trabalho e Emprego. Outro detalhe que deve ser levado em conta pelo juízo é o de que, embora seja o profissional Médico do Trabalho, melhor será que seja especializado na área em que irá realizar o trabalho científico.

A questão é polêmica. Contudo, no dia a dia há sérios problemas. Alguns julgadores não aceitam perícia realizada por fisioterapeuta. O argumento é que, por não ser médico não podem ofertar diagnóstico.

Não é recomendável que um médico efetue a perícia de um engenheiro. Ou que um engenheiro mecânico realize a perícia de um engenheiro elétrico. Em que pese estar credenciado como Médico do Trabalho, a especialidade não traduz segurança para realização em todas as áreas.

Aqui cabe destacar o § 3º do art. 9º da Resolução do CNJ n. 233, de 13 de julho de 2016, que dispõe: "*§ 3º É vedada, em qualquer hipótese, a nomeação de profissional que seja cônjuge, companheiro ou parente, em linha colateral até o terceiro grau de magistrado, de advogado com atuação no processo ou de servidor do juízo em que tramita a causa, para a prestação dos serviços de que trata esta Resolução, devendo declarar, se for o caso, o seu impedimento ou suspeição*".

O dispositivo da referida resolução é claro no sentido de que se trata DE magistrado, e NÃO DO magistrado que conduz o processo. Logo, é vedada a nomeação de auxiliar do juízo que seja cônjuge de QUALQUER magistrado vinculado ao Tribunal da Região ou Estado ou parente em linha colateral até terceiro grau.

No caso, o juízo deve se abster de nomear perito ou perita que seja cônjuge de magistrado (a) vinculado ao Tribunal da Região ou Estado ou parente em linha colateral até terceiro grau.

Outro aspecto diz respeito a especialização do auxiliar a ser nomeado pelo juízo (arts. 157 e 465 do CPC). No caso da perícia em acidente de trabalho, o perito deve possuir especialização em Medicina do Trabalho, além de atuar na área objeto da perícia, ou seja, não pode realizar um ato médico se não possui conhecimento específico no objeto da perícia, sob pena de nulidade do ato, de sua destituição e, quiçá, de indenização por eventuais prejuízos causados às partes.

É certo que o perito é da confiança do juízo. Porém, não se pode confundir o caráter subjetivo da nomeação com o interesse público.

A Resolução do CFM n. 2.297, de 5 de agosto de 2021 traduz que:

Art. 2º Para o estabelecimento do nexo causal entre os transtornos de saúde e as atividades do trabalhador, além da anamnese, do exame clínico (físico e mental), de relatórios e dos exames complementares, é dever do médico considerar:

I — A história clínica e ocupacional atual e pregressa, decisiva em qualquer diagnóstico e/ou investigação de nexo causal;

II — O estudo do local de trabalho;

III — O estudo da organização do trabalho;

IV — Os dados epidemiológicos;

V — A literatura científica;

VI — A ocorrência de quadro clínico ou subclínico em trabalhadores expostos a riscos semelhantes;

VII — A identificação de riscos físicos, químicos, biológicos, mecânicos, estressantes e outros;

VIII — O depoimento e a experiência dos trabalhadores;

IX — Os conhecimentos e as práticas de outras disciplinas e de seus profissionais, sejam ou não da área da saúde.

Art. 13. São atribuições e deveres do médico perito judicial e assistente técnicos:

(...)

II — O médico perito judicial e assistentes técnicos, ao vistoriarem o local de trabalho, devem fazer-se acompanhar-se, se possível, pelo próprio trabalhador que está sendo objeto de perícia, para melhor conhecimento do seu ambiente de trabalho e função;

Trata-se de obrigação decorrente da normatização do órgão de classe. Aliás, esse também é o entendimento do C. TST. Veja-se os precedentes:

"DOENÇA OCUPACIONAL — VERIFICAÇÃO POR PERÍCIA QUE NÃO EXAMINA O LOCAL DE TRABALHO — CERCEIO DE DEFESA — TRANSCENDÊNCIA JURÍDICA — VIOLAÇÃO DO ART. 5º, LIV E LV, DA CF — RECURSO PROVIDO.

1. Constitui transcendência jurídica do recurso de revista a novidade da causa nele veiculada, a exigir uniformização e pacificação da jurisprudência pelo TST (CLT, art. 896-A, § 1º, IV). Não tendo este Relator se debruçado anteriormente sobre a questão da configuração, ou não, de cerceio de defesa pela não visita do perito ao local de trabalho, limitando-se ao exame clínico do paciente para concluir no sentido da não caracterização de doença ocupacional, quando as dores são lombares e podem ter relação com a ergonomia do trabalho, reconhece-se a transcendência jurídica da causa.

2. No mérito, o fundamento principal do Regional para dispensar a visita ao local de trabalho foi o art. 11 da Resolução 1488/98 do Conselho Federal de Medicina, que contemplaria a facultatividade do exame local. Ora, tal resolução foi revogada pela

Resolução 2.183/18 do CFM, que, em seu art. 13, dispõe como deveres do perito médico examinar clinicamente o trabalhador, vistoriar o local de trabalho e estabelecer o nexo causal entre patologia e ocupação profissional. E a nova resolução do CFM era a que estava vigente à época da propositura da ação.

3. Assim, laudo pericial sem visita ao local de trabalho, concluindo pela inexistência de nexo causal entre doença e trabalho, incorre em patente cerceio de defesa do Reclamante, com violação direta do art. 5º, LIV e LV, da CF, por patente atropelo dos princípios do devido processo legal e da ampla defesa.

4. Assim, é de se dar provimento ao recurso de revista, para decretar a nulidade do processo a partir da confecção do laudo pericial, determinando-se a nomeação de novo perito e a elaboração de novo laudo pericial, com visita ao local de trabalho, para verificação das condições da prestação laboral pelo Reclamante, com seu acompanhamento, nos termos do art. 13, II, da Resolução 2.183/18, ficando prejudicada a questão relativa aos ônus da sucumbência, relativos aos honorários advocatícios e periciais frente à gratuidade de justiça. Recurso de revista provido" (RR-1001983-02.2018.5.02.0391, 4ª Turma, Relator Ministro Ives Gandra Martins Filho, DEJT 04.09.2020).

DOENÇA — QUESTÃO DE NATUREZA CIENTÍFICA — PERÍCIA INCOMPLETA — EXAME EM CONSULTÓRIO — CONSTATAÇÃO DE MOLÉSTIAS — CONCLUSÃO PELA AUSÊNCIA DE NEXO CAUSAL SEM A IMPRESCINDÍVEL VERIFICAÇÃO IN LOCO DAS CONDIÇÕES DE TRABALHO — DESCUMPRIMENTO DA RESOLUÇÃO 1488/98 DO CFM — NULIDADE EX OFFICIO E DESTITUIÇÃO DO PERITO — Na espécie, embora conste dos autos exames que indicam que a autora é portadora da patologia alegada em sua exordial, qual seja, tendinopatia/tenossinovite, conforme documento de ID. 72b4119, inclusive com sugestão de realização de fisioterapia (ID. 8dee47c), a expert nomeada, dispensou a vistoria ambiental e concluiu pela ausência de incapacidade laboral e inexistência de nexo causal entre a moléstia obreira e as atividades exercidas por ela. No entanto, considerando os documentos constantes nos presentes autos, entendo imprescindível a análise in loco das condições de labor da autora, sobretudo diante da alegação inicial quanto aos movimentos repetitivos da atividade exercida. Desse modo, os autos deverão retornar ao perito médico, para realização da análise das condições de labor da reclamante durante a vigência de seu contrato de trabalho, haja vista que as atividades exercidas podem ter contribuído para o atual quadro de suas moléstias. Com efeito, ante a pretensão da autora de se reconhecer a relação entre as doenças que o afligem e o labor exercido na reclamada, faz-se necessária a verificação, no local, das condições em que se dava o trabalho, para que se afira com segurança e devido apuro técnico, a existência ou não do nexo causal (ou de concausalidade), com eventual enquadramento em responsabilidade subjetiva ou objetiva para a reparação por danos, nos termos dos arts. 7º, XXVIII da CF/88 e 927 do CC. O laudo pericial se afigura, portanto, manifestamente incompleto, já que a perita nomeada analisou as condições de saúde da autora apenas a partir do exame clínico efetuado, decidindo por deixar de vistoriar o ambiente de trabalho e as condições em que o trabalhou se deu, em violação ao disposto nos arts. 2º e 10, II, da Resolução n. 1488/98 do CFM. Considerando que as normas que velam pela saúde e segurança do trabalhador são de ordem pública e de hierarquia constitucional (artigos 196 e ss da CF) anulo, de ofício, a sentença recorrida, a fim de que seja reaberta a instrução, para que nova perícia seja realizada, por novo perito a ser indicado na origem. (TRT 02ª R. — ROT 1000610-83.2018.5.02.0051 — Rel. Ricardo Artur Costa e Trigueiros — DJe 22.11.2019 — p. 21992)

RESPONSABILIDADE CIVIL. DOENÇA OCUPACIONAL. PRESSUPOSTOS. NEXO CAUSAL. INCONSISTÊNCIA. Constitui fato incontroverso que o autor é acometido da patologia denominada varizes dos membros inferiores acarretando perda parcial da funcionalidade orgânica. A prova pericial aponta causas da doença relacionadas à transmissão por hereditariedade e motivada no acidente de automóvel; portanto, as causas da doença estão desvinculadas do risco ocupacional das condições ergonômicas do ambiente do trabalho. A perícia desatende aos parâmetros operacionais de coleta de dados, de sua análise e dos métodos de investigação aplicados, implicando no desmerecimento das conclusões apresentadas. A prova técnica teve por objeto análise da realidade parcial, constituída, na sua exclusividade, de exames médicos apresentados e de entrevista direta do autor, sem que a abordagem dos temas apreciados pelo perito tenha incidência, dentre outras circunstâncias, sobre o estudo do local de trabalho, em desatendimento da metodologia e do procedimento que orienta tal atividade, diretrizes consolidadas na resolução n. 1.488 do conselho federal de medicina. Tais circunstâncias, por si só, geram desapreço valorativo das conclusões obtidas pelo trabalho realizado. Em suma: a análise de riscos ergonômicos não integra os elementos analisados pela perícia médica, sem que tais motivações possam apoiar conclusão de relação de causa e efeito entre as patologias e a relação de trabalho. Não há o elemento antecedente (o perito médico não fez aferição quanto ao risco ergonômico); logo, o consequente (nexo causal) não se deduz daquele. Tal contexto demonstra a aferição negativa entre a patologia e a prestação de serviços na empresa. Recurso da ré a que se dá provimento, por maioria. (TRT 24ª R.; RO 0000520-46.2012.5.24.0001; Primeira Turma; Red. Desig. Des. Fed. João de Deus Gomes de Souza; Julg. 19.02.2014; DEJTMS 24.02.2014; p. 25).

"I — AGRAVO DE INSTRUMENTO. RECURSO DE REVISTA. LEI N. 13.015/2014. PRELIMINAR DE NULIDADE. DOENÇA OCUPACIONAL DE BANCÁRIA. INDEFERIMENTO DO PEDIDO DE REALIZAÇÃO DE PERÍCIA. CERCEAMENTO DE DEFESA. Ante a possível violação ao art. 5º, LV, da Constituição Federal, deve ser provido o agravo de instrumento. Agravo de instrumento conhecido e provido. II — RECURSO DE REVISTA. LEI N. 13.015/2014. PRELIMINAR DE NULIDADE. DOENÇA OCUPACIONAL DE BANCÁRIA. INDEFERIMENTO DO PEDIDO DE REALIZAÇÃO DE PERÍCIA NO LOCAL DE TRABALHO. CERCEAMENTO DE DEFESA. Constata-se que a autora foi submetida à perícia médica, e que o TRT não acolheu as pretensões da empregada ao fundamento de ausência de nexo causal. Constou da decisão Regional que "embora as atividades laborais possam ter contribuído para o quadro de crise dolorosa, referido no laudo pericial não autoriza, por si só, a invalidação da diligência". Verifica-se, ainda, que o pedido de realização de prova técnica no local de trabalho da empregada foi indeferido. Ao contrário do que foi decidido pelo TRT, a avaliação do local de trabalho, bem como das condições ergonômicas em que as funções eram executadas, se faz necessária, especialmente em razão do fundamento do TRT de que não restou caracterizado o nexo causal. Logo, o indeferimento da avaliação do local de trabalho configura cerceamento de defesa. Recurso de revista conhecido e provido." (RR-296-81.2013.5.15.0112, Relatora Ministra: Maria Helena Mallmann, Data de Julgamento: 02.05.2018, 2ª Turma, Data de Publicação: DEJT 18.05.2018)

A regra prevista no art. 472 do CPC/2015, de acordo a jurisprudência, pode ser aplicada ao processo do trabalho, que preleciona que *"O juiz poderá dispensar prova pericial quando as partes, na inicial e na contestação, apresentarem, sobre as questões de fato, pareceres técnicos ou documentos elucidativos que considerar suficientes"*.

Quando for apresentado o laudo pericial, o juiz determinará a intimação das partes para se manifestarem sobre ele. O juiz poderá, ainda, ouvir o perito em audiência para prestar esclarecimentos (art. 827, CLT(52)).

Também é aplicável ao processo do trabalho, o que diz o art. 480 do CPC/2015, segundo o qual: *"O juiz determinará, de ofício ou a requerimento da parte, a realização de nova perícia quando a matéria não estiver suficientemente esclarecida"*. A segunda perícia terá como objeto os mesmos fatos sobre os quais recaiu a primeira e se destinará a corrigir eventual omissão ou inexatidão dos resultados constantes da primeira.

Sobre a responsabilidade para o pagamento dos honorários periciais, conforme Ação Direta de Inconstitucionalidade 5766, o STF julgou inconstitucional alguns trechos dos artigos 790-B, *caput* e § 4º, e 791-A, § 4º, da Consolidação das Leis do Trabalho (CLT).

Os trechos dizem respeito ao benefício da gratuidade da justiça, no âmbito laboral: Art. 790-B (*caput* e § 4º), expressão "ainda que beneficiária da justiça gratuita": julgada inconstitucional; Art. 791-A (§ 4º), expressão "desde que não tenha obtido em juízo, ainda que em outro processo, créditos capazes de suportar a despesa": julgada inconstitucional; Art. 844 (§ 2º), expressão "ainda que beneficiário da justiça gratuita": julgada constitucional.

Portanto, o beneficiário da justiça gratuita não pode ser condenado a pagar os honorários periciais, ainda que sucumbente no objeto da perícia.

Com relação à realização da prova pericial, importante nos atentarmos à jurisprudência atual e uniforme da Corte Laboral. Tem destaque o inciso II do art. 464 do CPC que garante que não será realizada a perícia *quando for desnecessária em vista de outras provas produzidas*. Ou seja, depreende-se do mencionado artigo que há a possibilidade de dispensabilidade da prova técnica, e, ainda, o art. 472 que preleciona que o juiz pode dispensar a prova pericial quando existirem documentos idôneos nos autos que comprovarem o que precisar ser esclarecido, por exemplo.

Pois bem. O entendimento do Colendo TST caminha no sentido de que é dispensável a prova pericial quando há nos autos outros elementos de prova que

---

(52) Art. 827. O juiz ou presidente poderá arguir os peritos compromissados ou os técnicos, e rubricará, para ser junto ao processo, o laudo que os primeiros tiverem apresentado.

atestam a exposição do trabalhador a agentes insalubres. Nesse sentido, o julgado da Subseção I Especializada em Dissídios Individuais:

> AGRAVO INTERNO EM EMBARGOS. ADICIONAL DE INSALUBRIDADE. DISPENSA DA PERÍCIA. CONDENAÇÃO COM BASE EM PROGRAMAS DE CONTROLE MÉDICO DE SAÚDE OCUPACIONAL — PCMSO. Não obstante o disposto no art. 195, § 2º, da CLT e na Súmula 448 do TST, esta Subseção firmou jurisprudência iterativa e notória no sentido de que, em situações excepcionais, se há nos autos elemento de prova, tal como o Programa de Prevenção de Riscos Ambientais — PPRA, que atesta a exposição do trabalhador a agentes insalubres, especialmente em locais de difícil acesso, cabe ao empregador o ônus de afastar a presunção decorrente dessa prova documental, ficando desse modo autorizada a dispensa da prova pericial, por aplicação do art. 427 do CPC de 1973 de forma subsidiária ao processo do trabalho (Processo n. TST-E-RR-223400-20.2007.5.08.0114, DEJT 19.05.2017). Nesse contexto, o acórdão embargado que mantém a condenação ao pagamento de adicional de insalubridade, com fundamento em Programas de Controle Médico de Saúde Ocupacional — PCMSO, não viola o art. 195, § 2º, da CLT. Incide o óbice do art. 894, § 2º, da CLT. Agravo interno a que se nega provimento. (Ag-E-RR-40-79.2013.5.08.0130, Relator Ministro: Márcio Eurico Vitral Amaro, Data de Julgamento: 23.08.2018, Subseção I Especializada em Dissídios Individuais, Data de Publicação: DEJT 31.08.2018).

> AGRAVO REGIMENTAL EM EMBARGOS EM RECURSO DE REVISTA. RECURSO DE EMBARGOS INTERPOSTO SOB A ÉGIDE DA LEI N. 13.015/2014. ADICIONAL DE INSALUBRIDADE. DISPENSA DE PERÍCIA. ÔNUS DA PROVA QUANTO À EFICÁCIA DOS EPI'S FORNECIDOS. A jurisprudência da dt. SDI-1 é no sentido de que é dispensável a prova pericial, se há outros elementos de provas nos autos, tal como o próprio laudo técnico elaborado pela empresa no Programa de Prevenção de Riscos Ambientais — PPRA. Precedente da SBDI-1. Não se verifica pertinência temática no tocante à indicada contrariedade à Orientação Jurisprudencial n. 278 da SBDI-1 do TST, que assim dispõe: "OJ-SDI1-278 ADICIONAL DE INSALUBRIDADE. PERÍCIA. LOCAL DE TRABALHO DESATIVADO (DJ 11.08.2003) A realização de perícia é obrigatória para a verificação de insalubridade. Quando não for possível sua realização, como em caso de fechamento da empresa, poderá o julgador utilizar-se de outros meios de prova". É que mencionada orientação cuida da dispensa da realização de perícia nas hipóteses de fechamento da empresa e o caso em exame trata da desnecessidade de prova pericial quando comprovada a insalubridade por intermédio outras provas, como o PPRA. Não se constata, ainda, contrariedade à Súmula n. 80 do TST, de seguinte teor: "a eliminação da insalubridade mediante fornecimento de aparelhos protetores aprovados pelo órgão competente do Poder Executivo exclui a percepção do respectivo adicional". Isso porque referida súmula não cuida do ônus probatório acerca da eficácia dos equipamentos de proteção individual para fins de eliminar o agente insalubre. Os arestos colacionados não comprovam conflito de teses. Mencionados julgados traduzem tese no sentido de que é obrigatória a realização da perícia técnica para caracterização e classificação das condições insalubres de trabalho, ao passo que a tese fixada no acórdão embargado fundamenta-se no fato incontroverso de haver a presença do agente insalubre com apoio no próprio laudo

técnico elaborado pela empresa no Pro-grama de Prevenção de Riscos Ambientais — PPRA, bem como diante do fornecimento de EPI's. Assim, carecem os arestos de especificidade, nos termos da Súmula n. 296 do TST. Agravo regimental conhecido e desprovido" (AgR-E-ED-RR-1008-92.2011.5.08.0126, Subseção I Especializada em Dissídios Individuais, Relator Ministro Breno Medeiros, DEJT 25.09.2020).

AGRAVO EM EMBARGOS EM EMBARGOS DE DECLARAÇÃO EM RECURSO DE REVISTA. ADICIONAL DE INSALUBRIDADE. AUSÊNCIA DE PROVA PERICIAL. 1. Consoante a jurisprudência desta Subseção Especializada, se há nos autos outros elementos de prova que atestam a exposição do trabalhador a agentes insalubres, é dispensável a prova pericial. Se não bastasse, nos termos do entendimento de todas as Turmas desta Corte Superior, é desnecessária a prova pericial quando comprovado o trabalho insalubre por meio de laudo técnico elaborado no Programa de Prevenção de Riscos Ambientais — PPRA, como na hipótese dos autos, o qual atesta a existência de ambiente de trabalho capaz de causar danos à saúde do trabalhador, tendo, por conseguinte, alcance probatório análogo à perícia técnica. 2. Dentro deste contexto, considerando que o acórdão turmário foi proferido em consonância com a jurisprudência desta Corte Superior, incide sobre a hipótese o óbice insculpido no § 2º do art. 894 da CLT, segundo o qual "a divergência apta a ensejar os embargos deve ser atual, não se considerando tal a ultrapassada por súmula do Tribunal Superior do Trabalho ou do Supremo Tribunal Federal, ou superada por iterativa e notória jurisprudência do Tribunal Superior do Trabalho". Agravo conhecido e não provido" (Ag-E-ED-RR-1326-77.2012.5.08.0114, Subseção I Especializada em Dissídios Individuais, Relatora Ministra Dora Maria da Costa, DEJT 03.12.2021).

Ressalta-se que de acordo com o entendimento do C. TST a atitude aplica-da pelo julgador em se basear noutros elementos de provas dos autos (releitura do item 3.4) e dispensar a realização da prova pericial não viola o artigo 195, § 2º, da CLT, nem o art. 5º, LV, da CF.

3.6 INSPEÇÃO JUDICIAL:

A inspeção judicial tem lugar quando houver necessidade de o juiz deslocar-se até o local onde se encontre a pessoa ou a coisa.

A CLT é omissa a respeito da inspeção judicial. Sendo assim, a aplicação subsidiária do CPC/2015 mostra-se perfeitamente compatível com a busca da verdade real, que é observada com muito mais ênfase no processo laboral.

Com base no art. 481 do CPC/2015, o juiz, de ofício ou a requerimento da parte, pode, em qualquer fase do processo, inspecionar pessoas ou coisas, a fim de se esclarecer sobre fato que seja pertinente para a decisão da causa.

Há alguns critérios para que o juiz utilize deste meio de prova, segundo o art. 483 do CPC/2015, o juiz poderá realizar a inspeção quando:

I — julgar necessário para a melhor verificação ou interpretação dos fatos que deva observar;

> II — a coisa não puder ser apresentada em juízo sem consideráveis despesas ou graves dificuldades;
>
> III — determinar a reconstituição dos fatos.
>
> Parágrafo único. As partes têm sempre direito a assistir à inspeção, prestando esclarecimentos e fazendo observações que considerem de interesse para a causa.

Muito embora as partes tenham o direito a assistir à inspeção, para prestar esclarecimentos e fazer observações que reputem de interesse para a causa, há entendimento jurisprudencial no sentido de que, caso não seja realizada a intimação das partes para a realização da inspeção judicial, não há a configuração de cerceio do direito de defesa.

Pois, segundo opinião de Mauro Schiavi(53):

> "(...) embora o CPC/73 diga que as partes têm o direito de assistir à diligência, pode o juiz do Trabalho, considerando os princípios da efetividade processual e busca da verdade real (arts. 765, da CLT e 130 do CPC/73), postergar o contraditório para a fase posterior ao término da diligência, pois a realidade tem demonstrado que, no âmbito trabalhista, dificilmente a inspeção judicial terá eficácia se as partes, e principalmente determinada empresa for previamente avisada da inspeção judicial. Não se está com isso desconsiderando o contraditório, mas alterando o seu momento, uma vez que já está sedimentado na doutrina que, em determinados casos, o contraditório não precisa ser prévio, podendo o juiz, à luz dos princípios da razoabilidade, proporcionalidade e efetividade, avaliar o custo-benefício em postergá-lo".

Após a conclusão da diligência, o juiz mandará lavrar o auto circunstanciado, mencionando nele todas as informações úteis ao julgamento da causa.

A questão que surge nesse procedimento é quanto a utilização do auto em todo e qualquer processo, inclusive para fatos ocorridos em momento anterior a realização da inspeção.

Ora, o auto é para verificação de fatos e circunstâncias relativas ao processo em que é confeccionado. Nos parece um tanto quanto prejudicial a sua utilização para determinar como fato incontroverso em todo e qualquer processo, como se fosse verdade real e incontestável, inclusive sem o contraditório.

Se a intenção do julgador é sempre a busca pela verdade real, se há rotatividade de funcionários em grandes empresas, por exemplo; se as indústrias passam por obras e remanejamentos, como impor a utilização de um auto eternamente para todo processo que envolva aquela circunstância?

---

(53) SCHIAVI, Mauro. *Manual de direito processual do trabalho*. 2. ed. São Paulo: LTr, 2008. p. 528-529.

3.7 PROVA EMPRESTADA:

A prova produzida em um processo pode ser transportada documentalmente para outro, ou seja, mediante certidão pode ser tomada emprestada do processo em que foi produzida, para participar da formação do convencimento do juiz que dirige o processo para o qual é transportada.

Ou seja, prova emprestada é a que se toma emprestada de outro processo, findo ou em curso, para fazer prova no processo para o qual é transportada. Uma vez transladada, ela mantém a mesma natureza jurídica com que foi produzida no processo anterior.

A prova emprestada não está arrolada no Código de Processo Civil de 2015 como um meio legal de prova, todavia, é um meio moralmente legítimo (art. 369, CPC), motivo pelo qual é aceita pela doutrina e jurisprudência. A sua utilização proporciona ainda a observância dos princípios constitucionais do devido processo legal, do acesso à justiça e da efetividade processual.

Embora a CLT não trate sobre este tipo de prova, o seu uso é perfeitamente compatível com o Direito Processual do Trabalho, uma vez que ela propicia o acesso real do trabalhador à Justiça e a busca pela verdade real.

Um exemplo citado por Renato Saraiva[54] é o de utilização de prova emprestada na hipótese de a empresa ter fechado o estabelecimento onde trabalhava o autor (reclamante), caracterizando o local do trabalho. De acordo com seu posicionamento:

> "nesse caso, não obstante o art. 195, § 2º, da CLT determinar a realização de perícia para a aferição de insalubridade no local de trabalho, considerando que a empresa está desativada e o local não oferece possibilidade de reprodução das condições ambientais imperantes quando em atividade, poderá a prova pericial ser suprida pela juntada de laudos emprestados de outros processos, desde que estabelecida perfeita correspondência entre a situação periciada e o caso *sub judice*. Em outras palavras, no exemplo transcrito, a prova emprestada poderia suprir a ausência da prova pericial desde que as condições de fato, relativas à demanda atual, coincidam com aquelas que motivaram a realização do exame pericial, no processo anterior."

Importante ressaltar que uma prova produzida pelo juiz criminal poder ser transladada ao processo do trabalho. Por exemplo, a interceptação telefônica é uma prova produzida na esfera criminal; desse modo, o juiz do Trabalho não pode determiná-la. Portanto, o fato de ele não poder produzi-la não o impede de importá-la do processo criminal, pois deve ser levado em consideração o caráter publicista do Processo do Trabalho e da busca da verdade real (art. 765, CLT).

---

(54) SARAIVA, Renato. *Curso de direito processual do trabalho*. 5. ed. São Paulo: Método, 2008. p. 415.

Assim como toda prova produzida no processo, a prova emprestada deve preencher alguns requisitos para poder ser utilizada. São eles: a) que tenham sido, na produção da prova, no processo anterior, observadas as formalidades estabelecidas em lei, mormente o princípio do contraditório; e b) identidade de fatos.

A produção de prova emprestada pode ser requerida de comum acordo pelas partes ou determinada pelo juiz, de ofício ou a requerimento de apenas uma das partes, nessa última hipótese, deve a parte contrária ser ouvida sobre o pedido e, caso o pedido seja aceito, sobre o conteúdo da prova emprestada. Ou seja, à parte contrária é dada a oportunidade de se manifestar sobre estas provas, o que faz que sejam respeitados os princípios da ampla defesa e do contraditório.

Ao determinar ou admitir a aplicação prova emprestada, o juiz poderá determinar as diligências necessárias ao esclarecimento da causa, e será livre para apreciá-la, não estando vinculado ao valor que lhe foi conferido no processo em que foi produzida.

Entretanto, a utilização da prova emprestada encontra limites ao caso em concreto, ou seja, apenas para aquele caso, conforme preceitua o "Art. 481. O juiz, de ofício ou a requerimento da parte, pode, em qualquer fase do processo, inspecionar pessoas ou coisas, a fim de se esclarecer sobre fato que interesse à decisão da causa".

Veja-se também: *"Art. 372. O juiz poderá admitir a utilização de prova produzida em outro processo, atribuindo-lhe o valor que considerar adequado, observado o contraditório"*.

Ora, o fato de o magistrado poder indeferir diligência inúteis e protelatórios não se confunde com o cerceamento na produção da prova.

Contudo, a utilização da prova emprestada sem consentimento da parte, ainda que possa se manifestar sobre ela, deve ser visto com muita cautela. Por exemplo, a parte que não participou da sua confecção não pode mais apresentar quesitos iniciais ou complementares ao auxiliar que a confeccionou para pedir esclarecimentos (arts. 469 e 477 do CPC); não existe também, a possibilidade de a parte acompanhar a diligência, ou seja, a situação pode desaguar em ofensa ao contraditório e à ampla defesa.

Veja alguns julgados sobre o tema:

> (...) AGRAVO DE INSTRUMENTO. RECURSO DE REVISTA. LEI N. 13.015/14. CERCEAMENTO DE DEFESA. PROVA EMPRESTADA. DESNECESSIDADE DA ANUÊNCIA DA PARTE CONTRÁRIA. A jurisprudência desta Corte superior tem admitido a utilização da prova emprestada, em que houve participação da parte adversa na sua produção, sendo irrelevante a sua anuência. Em tais circunstâncias, não há falar em cerceamento de defesa. Precedentes. Agravo de Instrumento a que se nega provimento. (AIRR-2497-58.2013.5.15.0011, Relator Desembargador Convocado: Marcelo Lamego Pertence, 1ª Turma, DEJT 19.08.2016);

RECURSO DE REVISTA. LITISPENDÊNCIA. (...) PRELIMINAR DE NULIDADE. CERCEAMENTO DE DEFESA. PROVA EMPRESTADA. ANUÊNCIA DA PARTE. Em atenção aos princípios da ampla defesa e do contraditório, esta Corte Superior firmou entendimento no sentido da validade da utilização da prova emprestada, independentemente da anuência da parte adversa, quando houver identidade entre os fatos a serem provados e quando a prova foi produzida em processo envolvendo a referida parte adversa, caso em que não pode arguir o prejuízo, uma vez que observado o direito ao contraditório. Nesse contexto, verifica-se a harmonia do acórdão recorrido com a iterativa e notória jurisprudência desta Corte, inviabilizando o seguimento do recurso. Recurso não conhecido. [...] (RR-144-34.2011.5.12.0032, Relator Ministro: Alexandre de Souza Agra Belmonte, 3ª Turma, DEJT 03.07.2017);

AGRAVO DE INSTRUMENTO. (...) 2. PROVA PERICIAL EMPRESTADA. PARTICIPAÇÃO DA PARTE NA PRODUÇÃO ORIGINÁRIA DA PROVA. RECUSA AO EMPRÉSTIMO DA PROVA. VALIDADE. NÃO PROVIMENTO. Este colendo Tribunal Superior do Trabalho tem autorizado a utilização da prova emprestada quando haja identidade entre os fatos a serem provados e, além disso, tenha a parte adversa participado da produção probatória. Esse entendimento homenageia a ampla defesa e o contraditório, uma vez que não se autoriza o empréstimo de prova produzidas sem a participação da parte que não requereu esse "aproveitamento de prova". Desse modo, preenchidos os requisitos acima explanados, a saber: identidade de fatos e participação da parte que não requereu o empréstimo da prova na produção originária desta, a anuência apresenta-se prescindível. Isso quer dizer que a mera não autorização da parte contrária não importa em invalidade da prova emprestada, sob pena de se privilegiar o abuso no exercício de um direito. A não anuência na utilização da prova emprestada, em casos tais, deve ser justificada, comprovando-se de modo claro e preciso o prejuízo que adviria da utilização dessa prova, ante eventual mácula em sua originária produção ou não identidade de fatos. Isso porque, nos termos do artigo 794 da CLT, só haverá nulidade quando resultar dos atos inquinados manifesto prejuízo às partes litigantes. Quer isso dizer que o renitente deve provar nos autos as razões pelas quais não poderia ser admitida a prova emprestada, sob pena de se entender meramente emulativo. Precedentes. Agravo de instrumento a que se nega provimento. (...) (AIRR-1261-62.2013.5.18.0181, Relator Ministro: Guilherme Augusto Caputo Bastos, 5ª Turma, DEJT 18.12.2015);

RECURSO DE REVISTA DA USINA DE AÇÚCAR SANTA TEREZINHA LTDA. RECURSO DE REVISTA SOB A ÉGIDE DA LEI 13.015/2014. (...) PROVA PERICIAL EMPRESTADA. Em atenção aos princípios da ampla defesa e do contraditório, esta Corte Superior firmou entendimento no sentido da validade da utilização da prova emprestada, independentemente da anuência da parte adversa, quando houver identidade entre os fatos a serem provados e quando a prova foi produzida em processo envolvendo a referida parte adversa, caso no qual não pode arguir o prejuízo, porquanto houve a observância do contraditório. Há precedentes. Recurso de revista não conhecido. [...] (RR-495-64.2013.5.09.0567, Relator Ministro: Augusto César Leite de Carvalho, 6ª Turma, DEJT 22.06.2018);

RECURSO DE REVISTA — UTILIZAÇÃO DE PROVA EMPRESTADA — ANUÊNCIA DA RECLAMADA — DESNECESSIDADE — VALORAÇÃO PELO JUÍZO — OBSERVÂNCIA DO CONTRADITÓRIO — EFEITOS. A jurisprudência desta Corte tem se posicionado no sentido de considerar válida a utilização de prova emprestada produzida em outro processo judicial, desde que constatada a identidade dos fatos, por se tratar de faculdade do juízo da causa, nos termos dos arts. 765 da CLT, e 130 e 131, do Código de Processo Civil. Desse modo, não é pressuposto para admissão da prova emprestada a anuência das partes. Precedentes. No caso dos autos, além da constatada identidade de fatos deste feito com os das provas emprestadas, conforme categoricamente consignado no acórdão recorrido, a prova emprestada fora produzida em outra demanda integrada pela ora recorrente na condição de ré, portanto, não se há de cogitar em ofensa ao princípio do contraditório e da ampla defesa, visto que a reclamada tanto participou da produção da prova no outro processo quanto teve oportunidade de se manifestar sobre a prova emprestada na presente demanda. Logo, não há nulidade a ser declarada. Recurso de revista não conhecido. (...) (RR-2254-49.2010.5.12.0029, Relator Ministro: Luiz Philippe Vieira de Mello Filho, 7ª Turma, DEJT 01.04.2016

INTERPOSTO SOB A ÉGIDE DA LEI N. 13.015/2014 E DO NCPC (...) PRELIMINAR DE NULIDADE POR CERCEAMENTO DE DEFESA — INDEFERIMENTO DE PROVA ORAL E UTILIZAÇÃO DE PROVA EMPRESTADA 1. Não caracteriza cerceamento de defesa o indeferimento de prova oral quando existem nos autos elementos suficientes ao convencimento do julgador. 2. O Eg. TST tem admitido a utilização de prova em-prestada se houver identidade entre os fatos a serem provados, observando-se o princípio do contraditório, sendo prescindível a anuência da parte adversa. Julgados. [...] (AIRR-1178-43.2016.5.10.0802, Relatora Ministra: Maria Cristina Irigoyen Peduzzi, 8ª Turma, DEJT 25.05.2018);

RECURSO DE REVISTA INTERPOSTO NA VIGÊNCIA DA LEI N. 13.015/2014. (...) UTILIZAÇÃO DE PROVA EMPRESTADA. POSSIBILIDADE. IDENTIDADE FÁTICA. DESNECESSIDADE DE PRÉVIA CONCORDÂNCIA DA PARTE CONTRÁRIA. AUSÊNCIA DE CERCEAMENTO DE DEFESA. NULIDADE PROCESSUAL NÃO CONFIGURADA. A utilização de prova emprestada não está condicionada à prévia anuência e concordância das partes. Assim, a mera alegação da reclamada de que não concordou com a utilização de prova emprestada não é suficiente para inviabilizar a sua utilização nestes autos. Salienta-se que os princípios processuais do contraditório e da ampla defesa estão sendo observados, tanto que a parte recorrente se tem utilizado deles para pleitear reexame de matéria já verificada em ambas as instâncias, não havendo falar em violação do art. 5º, inciso LV, da Lei Maior. Recurso de revista não conhecido. [...] (RR-10077-51.2015.5.15.0147, Relator Ministro: José Roberto Freire Pimenta, 2ª Turma, DEJT 27.10.2017);

AGRAVO DE INSTRUMENTO EM RECURSO DE REVISTA. AGRAVO REGIMENTAL. 1. CERCEAMENTO DE DEFESA. PROVA EMPRESTADA. NÃO PROVIMENTO. A utilização de prova emprestada em processos que têm igual objeto e causa de pedir, em relação a determinado empregador, ainda que sem a anuência da parte, encontra respaldo nos princípios da celeridade e da economia dos atos processuais e, portanto, não configura ofensa à ampla defesa, mormente se observado o contraditório, como no caso concreto. Desse modo, preenchidos os requisitos da identidade de fatos e da participação da parte que não requereu o empréstimo da prova na produção originária desta, a anuência apresenta-se prescindível. Isso quer dizer que a mera não autorização da parte contrária não importa em invalidade da prova emprestada, sob pena de se privilegiar o abuso no exercício de um direito. Agravo regimental a que se nega provimento. [...] (AgR-AIRR-878-42.2013.5.09.0567, Relator Ministro: Guilherme Augusto Caputo Bastos, 4ª Turma, DEJT 11.05.2018);

4. ÔNUS DA PROVA: ÔNUS E OBRIGAÇÃO

Causa orgulho a iniciativa de procedermos ao desafio de trazer a lume o debate acerca do ônus e da sua inversão quanto a produção da prova no Processo do Trabalho.

Poder contemplar a previsão legislativa, tratada na Seção IV do Saneamento e da Organização do Processo e no Capítulo XII — Das provas, e ainda pela autorização subsidiária prevista no art. 15 da Parte Geral — Das Normas Processuais Civis — Das Normas Fundamentais e da Aplicação das Normas processuais — Das Normas Fundamentais do processo Civil, fortalece a real aplicação no campo do Direito Processual do Trabalho.

De fato, a possibilidade de redistribuição pelo juiz do ônus dinâmico da prova será objeto de incursões mais adiante em tópico específico.

Quando das primeira e segunda edições, no Processo do Trabalho inexistia o momento processual do saneamento, todavia, nada impedia que o juízo procedesse o acertamento da relação processual em momento anterior a audiência de instrução e determinasse a intimação das partes sobre a sua decisão.

É claro que no Processo do Trabalho inexiste o momento processual do saneamento, todavia, nada impede que o juízo proceda o acertamento da relação processual em momento anterior a audiência de instrução e determine a intimação das partes sobre a sua decisão.

Ônus é uma palavra derivada do latim, *onus*, cujo significado é peso, fardo, encargo. "Ônus da prova é o encargo de demonstrar a veracidade dos fatos apontados como fundamento da pretensão apresentada em juízo"[(55)].

(55) ALMEIDA, Cleber Lúcio de. *Direito processual do trabalho*. 2. ed. Belo Horizonte: Del Rey, 2008. p. 478.

Para outros, "do *latim*, *onus* (carga, peso, obrigação), na significação técnico-jurídica, entende-se todo *encargo, dever ou obrigação* que *pesa* sobre uma coisa ou uma pessoa, em virtude do que está obrigada a respeitá-los ou a cumpri-los. É o *gravame*"[(56)].

Visando obtemperar o tema, embora de maior afeição a lei substantiva civil, o *Encargo* (*modus*) é a determinação acessória em virtude da qual se restringe a vantagem criada pelo ato jurídico, estabelecendo o fim, a que deve ser aplicada a coisa adquirida, ou impondo uma certa prestação[(57)].

Onus probandi traduz-se apropriadamente por *dever de provar*, no sentido de *necessidade* de provar. Trata-se apenas de *dever* no sentido de interesse, necessidade de fornecer a prova destinada à formação da convicção do juiz quanto aos fatos alegados pelas partes[(58)].

Com tal orientação se construiu a teoria clássica do ônus da prova (Lessona, Mattirolo, Ricci, Garsonnet Et Bru, João Monteiro etc.), conforme a qual *incumbe o ônus da prova àquela das partes que alega a existência ou inexistência de um fato do qual pretenda induzir uma relação de direito*[(59)].

Antonio Carlos de Araújo Cintra, Ada Pellegrini Grinover e Cândido Rangel Dinamarco[(60)] conceituam assim:

> "O ônus da prova consiste na necessidade de provar, em que se encontra cada uma das partes, para possivelmente vencer a causa. Objetivamente, contudo, uma vez produzida a prova, torna-se irrelevante indagar quem a produziu, sendo importante apenas verificar se os atos relevantes foram cumpridamente provados (princípio da aquisição)".

Produzir a prova consiste numa imprescindível tarefa para a parte no alcance do objetivo principal da lide: o sucesso na demanda. Ela tem a necessidade de produzi-la, com o intuito de demonstrar a veracidade dos fatos que alega. Uma vez que, caso esteja ausente a prova do fato alegado, poderá haver o comprometimento de seu êxito no pleito.

Diante disso, podemos entender que não pode ser considerado um sinônimo de obrigação. Sendo assim, não há dever ou obrigação da parte de provar os fatos que constituem o seu direito, mas tão somente, o ônus de fazê-lo.

---

(56) SILVA, De Plácido e. *Vocabulário jurídico*. v. III. 6. ed. Rio de Janeiro: Forense, 1080. p. 1094.

(57) BEVILÁQUA, Clóvis. *Teoria geral do direito civil*. Apresentação de Caio Mário da Silva Pereira. 2. ed. Rio de Janeiro: Editora Rio, 1975. p. 239-240.

(58) SANTOS, Moacyr Amaral. *Primeiras linhas de direito processual civil*. v. II. 7. ed. São Paulo: Saraiva, 1982. p. 344.

(59) *Idem*. *p*. 346.

(60) CINTRA, Antonio Carlos de Araújo; GRINOVER, Ada Pellegrini; DINAMARCO, Cândido Rangel. *Teoria geral do processo*. 20. ed. São Paulo: Malheiros, 2004. p. 352.

No sentido do direito das obrigações, Clóvis Beviláqua[(61)] define a obrigação como sendo a *relação transitória de direito, que nos constrange a dar, fazer ou não fazer alguma coisa, em regra economicamente apreciável, em proveito de alguém que, por acto nosso ou de alguém comnosco juridicamente relacionado, ou em virtude da lei, adquiriu o direito de exigir de nós essa acção ou omissão* (transcrição na linguagem original).

Na mesma esteira Orlando Gomes contempla que "A palavra *obrigação* pode ser empregada em dois sentidos: lato e restrito. No sentido *lato*, é sinônimo de *dever*, isto é, prestação de uma atividade a quem alguém pode ser juridicamente constrangido. No sentido *restrito*, é má relação jurídica imediata entre duas pessoas em virtude da qual uma delas está adstrita a satisfazer uma prestação a favor da outra. É nessa última acepção que o termo obrigação é usado no direito civil. *Obrigação* é, pois, o vínculo jurídico entre duas pessoas pelo qual uma delas deve satisfazer uma prestação econômica, positiva ou negativa, que consiste em dar, fazer ou não fazer alguma coisa"[(62)].

Depreende-se que ônus é uma faculdade da parte a quem incumbe fazê-lo, e não uma obrigação. Logicamente que, caso não queira fazer prova de suas alegações, tal atitude acarretará em certo prejuízo, pois se a parte dispõe de meios que aumentam as chances de convencimento do magistrado sobre as suas alegações e não as utiliza, isso causa um favorecimento à parte contrária, que tem maior chance de sucesso na pretensão posta em juízo.

Contudo, diferentemente de uma obrigação, cuja consequência de seu não cumprimento gera uma penalidade, no caso do ônus não existe tal sanção, ou seja, mesmo que a parte não queira fazer prova, jamais será aplicada a pena de confissão como consequência.

É justamente essa a diferença existente entre ônus e obrigação. Não há sanção jurídica em decorrência da abstenção do agente em não querer produzir provas. A sua inatividade somente gera consequências em relação aos últimos efeitos deste mesmo ato, ou seja, caso não cumpra o ônus da prova, assumirá o risco de não ter provada a pretensão almejada, assumirá o risco da não satisfação de seu interesse, seja ele o de constatar como verdadeiros, através da sentença, os fatos admitidos no processo que foram embasadores de sua pretensão.

Portanto, este é a real implicação da não exercitar o ônus: a de responder pela ausência de prova sobre determinado fato.

Segundo Hernando Devis Echandía (*Compendio de la prueba judicial*, t. I, p. 195-195), em posicionamento trazido na obra de Cleber Lúcio de Almeida[(63)], 6 são as diferenças entre obrigação e ônus:

(61) BEVILÁQUA, Clóvis. *Direito das obrigações*. Apresentação de Laerson Mauro — Juiz de Direito. 2. ed. Rio de Janeiro: Editora Rio, 1977. p. 14.

(62) GOMES, Orlando. *Introdução ao Direito Civil*. Rio de Janeiro: Forense, 1957. p. 403-404.

(63) ALMEIDA, Cleber Lúcio de. *Direito processual do trabalho*. 2. ed. Belo Horizonte: Del Rey, 2008. p. 478/479.

1. A obrigação ou o dever são relações jurídicas passiva, e o ônus é uma relação ativa, como o direito e o poder;

2. Na obrigação ou no dever existe um vínculo jurídico entre o sujeito passivo e outra pessoa ou o Estado, o qual não existe no ônus;

3. Na obrigação ou dever se limita a liberdade do sujeito passivo, enquanto no ônus conserva completa liberdade de ordenar sua conduta;

4. Na obrigação ou no dever existe um direito (privado ou público) de outra pessoa a exigir seu cumprimento, coisa que não sucede no ônus;

5. O descumprimento da obrigação ou do dever é um ilícito que ocasiona sanção, enquanto a inobservância do ônus é lícita, e, portanto, não é sancionável;

6. O cumprimento de uma obrigação ou dever beneficia sempre a outra pessoa ou a coletividade, ao passo que a observância do ônus somente beneficia o sujeito dela; por isto pode dizer-se que aqueles satisfazem um interesse alheio e esta somente um interesse próprio (sem que deixe de existir no primeiro caso um interesse próprio em libertar-se da obrigação ou dever, isto é, em adquirir a liberdade).

Enfatiza João Batista Lopes[(64)] que:

> "Entende-se por ônus a subordinação de um interesse próprio a outro interesse próprio; obrigação é a subordinação de um interesse próprio a outro, alheio. Exemplos: a lei não impõe o dever ou a obrigação de arrolar testemunhas, requer perícia ou juntar documentos, mas se a parte deixar de fazê-lo quando necessário, correrá o risco de não ver demonstradas as suas alegações. Mas poderá ocorrer que os fatos venham a ser provados em razão de providências tomadas pelo adversário (*v.g.*, o autor alega atos de turbação ou esbulho que acabam por ser demonstrados pelas testemunhas arroladas pelo réu)".

Ou seja, se a parte que detém a faculdade do ônus da prova não quiser fazê-lo, não significa que o seu pedido por certo não será acolhido, pois pode acontecer de, através dos meios apresentados pela outra parte, sua alegação vir a ser provada e consequentemente sua pretensão acolhida.

O ônus da prova possui 2 funções básicas:

a) incitar as partes a fazer prova de suas alegações;

b) auxiliar o magistrado a obter a certeza dos fatos, de modo a sanar todas as suas dúvidas, ou seja, proporcionar-lhe um critério de julgamento capaz de evitar o *nom liquet* (falta ou insuficiência de provas).

---

(64) LOPES, João Batista. *A prova no direito processual civil*. 2. ed. São Paulo: RT, 2002. p. 38.

O critério para distinguir a qual das partes incumbe o ônus da prova de uma afirmação — ensina Carnelutti — é o do *interesse da própria afirmação*. Cabe provar — escreve ele — a quem tem interesse de afirmar; portanto, quem apresenta uma pretensão cumpre provar-lhe os fatos constitutivos e quem fornece a exceção cumpre provar os fatos extintivos ou as condições impeditivas ou modificativas(65).

Para Chiovenda, "o ônus de afirmar e provar se repete entre as partes, no sentido de que é deixado à iniciativa de cada uma delas provar os fatos que deseja sejam considerados pelo juiz, isto é, *os fatos que tenha interesse sejam por tidos como verdadeiros*"(66).

Do magistério de Humberto Theodoro Júnior(67), no dizer de Kisch, o ônus da prova vem ser, portanto, a *necessidade de provar para vencer a causa*(68), de sorte que nela se pode ver uma imposição e uma sanção de ordem processual(69).

De todo exposto, conclui-se que o ônus da prova é uma regra processual que determinada parte (autor ou réu) tem o encargo de cumprir, com o intuito de obter uma vantagem própria, seja ela a de provar o fato objeto de sua pretensão.

4.1. INCIDÊNCIA DAS NORMAS SOBRE O ÔNUS DA PROVA

A aplicação das normas a respeito da distribuição do ônus da prova será realizada quando ausentes ou insuficientes às provas, o que causará um impedimento ao juiz no proferimento de sua decisão.

Sendo assim, a doutrina apresenta duas teorias sobre o momento para a incidência das regras sobre a distribuição do ônus da prova:

- Apontam ao juiz o conteúdo da decisão na hipótese de ausência ou insuficiência de provas, estabelecendo uma regra de julgamento, portanto, devendo ser aplicada no momento da decisão;
- Em consideração ao princípio da ampla defesa e do contraditório, as partes devem ser informadas sobre o ônus da prova antes do início da instrução (regra de atividade).

Pensamos que se trata de uma regra de decisão que incidirá no momento que o juiz proferir o julgamento do processo, o que dispensa, assim, a prévia advertência

(65) SANTOS, Moacyr Amaral. *Primeiras linhas de Direito Processual Civil*. v. II. 7. ed. São Paulo: Saraiva, 1982. p. 346.

(66) *Idem*. p. 347.

(67) JÚNIOR, Humberto Theodoro. *Curso de Direito Processual Civil*. v. I. 19. ed. Rio de Janeiro: Forense, 1997. p. 421.

(68) MARQUES, José Frederico. *Manual de Direito processual Civil*. v. II. 1. ed. Rio de Janeiro: Forense, 1958-1960. p. 187.

(69) COUTURE, Eduardo J. *Fundamentos Del Derecho Procesal Civil*. Buenos Aires, 1974: *op. cit.*, n. 153, p. 241-243.

das partes sobre o ônus da prova. Isso porque o próprio ordenamento jurídico brasileiro já define as regras de distribuição nas orações dos arts. 818, da CLT e 373 do CPC/2015.

Veja a seguinte decisão como exemplo do que foi dito:

JUIZADOS ESPECIAIS CÍVEIS. CONSUMIDOR. AUSÊNCIA DE PROVA DO FATO CONSTITUTIVO DO DIREITO. IMPROCEDÊNCIA DA PRETENSÃO INDENIZATÓRIA. RECURSO CONHECIDO E IMPROVIDO. 1. Conforme a expressa disposição do art. 333, I, do CPC, o ônus da prova incumbe ao autor quanto ao fato constitutivo de seu direito. 2. Sobre as regras do ônus da prova destaco a pertinente observação de Didier Jr., Braga e Oliveira (DIDIER Jr, Fredie; BRAGA, Paula Sarno; OLIVEIRA, Rafael. Curso de Direito Processual Civil, volume 2. Teoria da prova, direito probatório, teoria do precedente, decisão judicial, coisa julgada e antecipação dos efeitos da tutela. 4ª ed. Bahia. Editora JusPodivm, 2009, p. 76.). "As regras do ônus da prova não são regras de procedimento, não são regras que estruturam o processo. O ônus da prova é regra de juízo, isto é, de julgamento, cabendo ao juiz, quando da prolação da sentença, proferir julgamento contrário àquele que tinha o ônus da prova e dele não se desincumbiu." Os renomados autores ressaltam a lição de José Carlos Barbosa Moreira (Moreira, José Carlos Barbosa. "Julgamento e ônus da prova". Temas de Direito Processual Civil. segunda série. São Paulo, 1988, p. 74-75 *apud* ob. cit., p. 73-74). "Explica o ônus subjetivo, BARBOSA Moreira. 'O desejo de obter a vitória cria para a litigante a necessidade, antes de mais nada, de pesar os meios de que se poderá valer no trabalho de persuasão, e de esforçar-se, depois, para que tais meios sejam efetivamente utilizados na instrução da causa. Fala-se, ao propósito, de ônus da prova, num primeiro sentido (ônus subjetivo ou formal)'. E segue comentando o ônus objetivo. 'A circunstância de que, ainda assim, o litígio deva ser decidido torna imperioso que alguma das partes suporte o risco inerente ao mau êxito da prova. Cuida então a Lei, em geral, de proceder a uma distribuição de riscos, traça critérios destinados a indicar, conforme o caso, qual dos litigantes terá de suportá-los, arcando com as consequências desfavoráveis de não se haver provado o fato que lhe aproveitava. Aqui também se alude a ônus da prova, mas num segundo sentido (ônus objetivo ou material).'" 3. Na hipótese, a par de inverossímil, nada há nos autos a admitir a conclusão de que serviço de transporte terrestre utilizado pelo consumidor não foi prestado adequadamente pelo fornecedor. Assim, a improcedência da pretensão indenizatória era medida intransponível ao Douto Juízo de origem. 4. Recurso conhecido e improvido. Sentença mantida por seus próprios fundamentos. A Súmula de julgamento servirá de acórdão, conforme regra do art. 46 da Lei n. 9.099/95. Condenada a recorrente ao pagamento das custas processuais e dos honorários advocatícios fixados em 10% (dez) do valor da causa, que resta suspenso em razão dos benefícios da gratuidade de justiça que lhes socorre. (TJ-DF; Recurso n. 2.011.01.1.131109-8; AC n. 563.897; Terceira Turma Recursal dos Juizados Especiais do Distrito Federal; rel. juíza Sandra Reves Vasques Tonussi; DJDFTE 9.2.2012; p. 274).

4.2. ÔNUS E DISTRIBUIÇÃO

A partir da Reforma Trabalhista, o art. 818 passou a vigorar da seguinte forma:

> Art. 818. O ônus da prova incumbe: (Redação dada pela Lei n. 13.467, de 2017)
>
> I — ao reclamante, quanto ao fato constitutivo de seu direito; (Incluído pela Lei n. 13.467, de 2017)
>
> II — ao reclamado, quanto à existência de fato impeditivo, modificativo ou extintivo do direito do reclamante. (Incluído pela Lei n. 13.467, de 2017)
>
> § 1º Nos casos previstos em lei ou diante de peculiaridades da causa relacionadas à impossibilidade ou à excessiva dificuldade de cumprir o encargo nos termos deste artigo ou à maior facilidade de obtenção da prova do fato contrário, poderá o juízo atribuir o ônus da prova de modo diverso, desde que o faça por decisão fundamentada, caso em que deverá dar à parte a oportunidade de se desincumbir do ônus que lhe foi atribuído. (Incluído pela Lei n. 13.467, de 2017)
>
> § 2º A decisão referida no § 1º deste artigo deverá ser proferida antes da abertura da instrução e, a requerimento da parte, implicará o adiamento da audiência e possibilitará provar os fatos por qualquer meio em direito admitido. (Incluído pela Lei n. 13.467, de 2017)
>
> § 3º A decisão referida no § 1º deste artigo não pode gerar situação em que a desincumbência do encargo pela parte seja impossível ou excessivamente difícil. (Incluído pela Lei n. 13.467, de 2017)

Segundo Mauro Schiavi, "pois como cada parte tem que comprovar o que alegou, ambas as partes têm o encargo probatório de todos os fatos que declinaram, tanto na inicial, como na contestação"(70).

Portanto, o art. 818 tratou da possibilidade da inversão do ônus da prova como também do momento que deve ser realizada.

Antes das mudanças ocorridas com a nova redação, a situação que era vivenciada versava da seguinte maneira: Ambas as partes tinham o ônus de provar os fatos que alegavam. Sob esse enfoque o artigo não merecia reparos. Entretanto, quando fosse verificada a ausência de prova de um fato importante para o julgamento da lide, o juiz se deparava com a seguinte situação: a quem interessava, mesmo que de maneira preponderante, a produção da prova?

Talvez, fosse nesse aspecto que se encontrava a deficiência do art. 818 da CLT. Ele, segundo as pesquisas, não apresentava um critério a ser utilizado quando da dúvida invencível em razão da falta de prova de fato relevante ao julgamento da demanda.

---

(70) SCHIAVI, Mauro. *Manual de direito processual do trabalho*. 2. ed. São Paulo: LTr, 2008. p. 460.

Sendo assim, diante dessa insuficiência e do fato de o juiz não poder se escusar de julgar (CPC/2015, art. 140[(71)]), necessário se fazia a conjugação (segundo os julgadores), para definir qual parte sofreria os efeitos da ausência ou insuficiência da prova do fato específico, da regra prevista no art. 373 do Código de Processo Civil de 2015, que diz:

> Art. 373. O ônus da prova incumbe:
>
> I — ao autor, quanto ao fato constitutivo de seu direito;
>
> II — ao réu, quanto à existência de fato impeditivo, modificativo ou extintivo do direito do autor.
>
> § 1º Nos casos previstos em lei ou diante de peculiaridades da causa relacionadas à impossibilidade ou à excessiva dificuldade de cumprir o encargo nos termos do *caput* ou à maior facilidade de obtenção da prova do fato contrário, poderá o juiz atribuir o ônus da prova de modo diverso, desde que o faça por decisão fundamentada, caso em que deverá dar à parte a oportunidade de se desincumbir do ônus que lhe foi atribuído.
>
> § 2º A decisão prevista no § 1º deste artigo não pode gerar situação em que a desincumbência do encargo pela parte seja impossível ou excessivamente difícil.
>
> § 3º A distribuição diversa do ônus da prova também pode ocorrer por convenção das partes, salvo quando:
>
> I — recair sobre direito indisponível da parte;
>
> II — tornar excessivamente difícil a uma parte o exercício do direito.
>
> § 4º A convenção de que trata o § 3º pode ser celebrada antes ou durante o processo.

Contudo, com a inclusão do parágrafo § 1º, há a previsão da inversão do ônus da prova *nos casos previstos em lei ou diante de peculiaridades da causa relacionadas à impossibilidade ou à excessiva dificuldade de cumprir o encargo nos termos deste artigo ou à maior facilidade de obtenção da prova do fato contrário.*

Com determinação expressa de que a parte que arcar com o ônus deve ter a plenitude do direito de produzir a prova considerada indispensável.

Há, também, a fixação do momento processual a ser realizada a inversão: *deverá ser proferida antes da abertura da instrução e, a requerimento da parte, implicará o adiamento da audiência e possibilitará provar os fatos por qualquer meio em direito admitido (§ 2º).*

Logo, a nova redação do art. 818 da CLT adotou a regra de instrução - de atividade — de procedimento para o momento da inversão do ônus da prova. Exatamente como defenderam estes autores desde a 1ª Edição do livro em 2013.

---

(71) Art. 140. O juiz não se exime de decidir sob a alegação de lacuna ou obscuridade do ordenamento jurídico.

Parágrafo único. O juiz só decidirá por equidade nos casos previstos em lei.

Dessa forma, o autor (reclamante) tem o ônus de comprovar os fatos constitutivos de seu direito, considerado *ônus da ação*, e o réu (reclamado) o ônus de comprovar os fatos modificativos, extintivos e impeditivos do direito do autor (reclamante), o chamado *ônus da exceção*.

Os fatos constitutivos são aqueles responsáveis pelo surgimento do direito afirmado pelo autor, aqueles que fazem nascer a relação jurídica. Como exemplo, podemos citar o nexo causal entre a doença e a função desempenhada. Os fatos impeditivos são os que inibem esse direito, que impedem a ocorrência do efeito normal de um fato. Já os fatos modificativos são aqueles que impedem o acolhimento do pedido do autor, em razão de modificações ocorridas entre os negócios sucedidos entre o autor e o réu.

Por exemplo, se o réu confirmar a prestação de serviços do autor, mas, ressalvar que referida prestação ocorreu em modalidade distinta do contrato de emprego. Por fim, os fatos extintivos são os responsáveis por tornar improcedente o pedido do autor, uma vez que foi extinto o direito ou a pretensão colocada em juízo. A prescrição e o pagamento em relação à obrigação do salário são exemplos de fatos extintivos.

Conforme escreve Carlos Alberto Reis de Paula[(72)]:

> "A diferenciação dos fatos jurídicos em constitutivos, extintivos, impeditivos e modificativos tem grande aplicação na doutrina de ônus da prova. O princípio geral é que a prova incumbe a quem alega o fato, já consagrado no direito romano (*probatio incumbi eu qui dicit*). Quem opõe ao fato jurídico fatos extintivos, impeditivos ou modificativos deve provar a exceção (*reus in excipiendo fit actor*). O problema, portanto, não é meramente topográfico, mas reside na importância processual das asserções úteis que o réu fez. A lei supõe que a parte que afirma algo no processo é a que geralmente dispõe da prova: ou faz a afirmação depois de ter segurado a prova ou porque conhece bem o fato que afirma, tem a seu alcance a prova do fato. O caminho que o Estado tem para conhecer a realidade é por intermédio das partes e o princípio é que terá o ônus da prova aquele litigante que não teria êxito no processo sem a aplicação de determinado preceito jurídico, para cuja aplicação é necessário justificar que haja realmente ocorrido os supostos fáticos que a norma jurídica prevê para que se produza a consequência prevista".

É importante destacar que a prova é alvo do interesse de ambas as partes, pois há a intenção de se provar o fato afirmado e fornecer prova a respeito, seja pela existência, seja pela inexistência do conteúdo da alegação. Diante disso, constata-se que as partes têm direito à prova. Assim pode trazer todas as provas concernentes aos

---

(72) PAULA, Carlos Alberto Reis de. *A especificidade do ônus da prova no processo do trabalho*. 2. ed. São Paulo: LTr, 2010. p. 96-97.

fatos da causa, o que fortalece o entendimento de que essa atitude é aplicada para prevenir a falta de prova, e não necessariamente a distribuição do ônus probatório.

Por todo o exposto, conforme ensina Cleber Lúcio de Almeida(73):

> "As normas sobre o ônus da prova estabelecem, para o juiz, uma regra de julgamento. Constatando a ausência ou insuficiência da prova, o juiz recorrerá às normas sobre o ônus da prova para definir a parte que arcará com as consequências da ausência ou insuficiência da prova de um fato controverso."

Assim, o ônus da prova é aplicado quando há ausência ou insuficiência probatória, situação que estaria impedindo que o juiz esclareça os fatos controversos, e a consequência para a parte a qual recair essa faculdade quando não é capaz de fazê-lo é a presunção de ausência de prova do fato alegado. Situação essa que pode não significar insucesso na demanda, pois a parte que não produziu a prova poderá ser beneficiada pela prova produzida pela parte contrária.

Vejamos as Súmulas e Orientações Jurisprudenciais do TST sobre o tema:

> Súmula n. 6. (...) VIII — É do empregador o ônus da prova do fato impeditivo, modificativo ou extintivo da equiparação salarial.
>
> Súmula n. 16. Presume-se recebida a notificação 48 (quarenta e oito) horas depois de sua postagem. O seu não recebimento ou a entrega após o decurso desse prazo constitui ônus de prova do destinatário.
>
> Súmula n. 212. O ônus de provar o término do contrato de trabalho, quando negados a prestação do serviço e o despedimento, é do empregador, pois o princípio da continuidade da relação de emprego constitui presunção favorável ao empregado.
>
> Súmula n. 254. O termo inicial do direito ao salário-família coincide com a prova da filiação. Se feita em juízo, corresponde à data de ajuizamento do pedido, salvo se comprovado que anteriormente o empregador se recusara a receber a respectiva certidão.
>
> Súmula n. 338. I — É ônus do empregador que conta com mais de 10 (dez) empregados o registro da jornada de trabalho na forma do art. 74, § 2º, da CLT. A não apresentação injustificada dos controles de frequência gera presunção relativa de veracidade da jornada de trabalho, a qual pode ser elidida por prova em contrário. II — A presunção de veracidade da jornada de trabalho, ainda que prevista em instrumento normativo, pode ser elidida por prova em contrário. III — Os cartões de ponto que demonstram horários de entrada e saída uniformes são inválidos como meio de prova, invertendo-se o ônus da prova, relativo às horas extras, que passa a ser do empregador, prevalecendo a jornada da inicial se dele não se desincumbir.
>
> Súmula n. 460 do TST. VALE-TRANSPORTE. ÔNUS DA PROVA — Res. 209/2016, DEJT divulgado em 1, 2 e 3.6.2016. É do empregador o ônus de comprovar que o

(73) ALMEIDA, Cleber Lúcio de. *Direito processual do trabalho.* 2. ed. Belo Horizonte: Del Rey, 2008. p. 480.

empregado não satisfaz os requisitos indispensáveis para a concessão do vale-transporte ou não pretenda fazer uso do benefício.

SÚMULA N. 461 DO TST. FGTS. DIFERENÇAS. RECOLHIMENTO. ÔNUS DA PROVA — Res. 209/2016, DEJT divulgado em 1, 2 e 3.6.2016. É do empregador o ônus da prova em relação à regularidade dos depósitos do FGTS, pois o pagamento é fato extintivo do direito do autor (art. 373, II, do CPC de 2015).

No que concerne à prova da existência ou inexistência da relação de emprego, para a distribuição do ônus da prova, consideram-se 2 situações:

- É do autor (reclamante) o ônus de provar a existência do direito pleiteado. Por exemplo, se ele requerer em juízo o reconhecimento do vínculo de empregado e a ré (reclamada) negar a referida prestação, é dele o encargo de produzir prova quanto ao fato constitutivo de seu direito.
- Entretanto, se na mesma situação, a ré (reclamada), em sua defesa, admitir a prestação de serviço, mas alegar ter sido relação jurídica distinta da empregatícia atrairá para si o ônus de comprovar a existência dessa relação de trabalho diversa (fato obstativo do direito do autor).

Como tratamos nesse caso sobre relação de trabalho e relação de emprego, pertinente se faz a distinção entre esses termos. De acordo com o brilhante entendimento de Carlos Henrique Bezerra Leite(74), tem-se que:

> "Relação de Trabalho é aquela que diz respeito, repise-se, a toda e qualquer atividade humana em que haja prestação de serviço de trabalho, como a relação de trabalho: autônomo, eventual, de empreitada, avulso, cooperado, doméstico, de representação comercial, temporário, sob a forma de estágio etc. Há, pois, a relação de trabalho pela presença de três elementos: o prestador do serviço, o trabalho (subordinado ou não) e o tomador do serviço. Já a relação de emprego ocupa-se de um tipo específico dessa atividade humana: o trabalho subordinado, prestado por um tipo especial de trabalhador: o empregado. Aqui, o que importa é a relação jurídica existente entre o empregado e o empregador (mesmo quando este seja pessoa de direito público interno ou externo), para efeito de aplicação do Direito do Trabalho. Três, portanto, são os elementos da relação de emprego: o empregado, o emprego e o empregador. No ordenamento jurídico brasileiro, o objeto primordial de investigação científica do Direito do Trabalho é a relação de emprego, razão pela qual é dela que cuida, *a priori*, o direito processual do trabalho, isto é, o processo do trabalho volta-se, em linha de princípio, para a solução dos conflitos referentes à relação de emprego".

---

(74) LEITE, Carlos Henrique Bezerra. *Curso de direito processual do trabalho*. 8. ed. São Paulo: LTr, 2010. p. 199.

Sendo assim, alguns doutrinadores afirmam que toda relação de emprego é uma relação de trabalho, mas que nem toda relação de trabalho é uma relação de emprego. Isso porque a relação de emprego é a que surge de um contrato de trabalho, ou seja, de um negócio jurídico celebrado entre empregador e empregado. Características fundamentais que a caracterizam são: a subordinação, que consiste na submissão jurídica do empregado ao poder de comando do empregador, a não eventualidade na prestação do serviço, a remuneração, que se refere ao salário pago ao trabalhador pelos serviços prestados e a pessoalidade do trabalhador na prestação do serviço (arts. 2º e 3º da CLT).

Sobre a relação de trabalho, essa versa sobre qualquer trabalho prestado, seja com ou sem vínculo empregatício, por uma pessoa física a um tomador do seu serviço. Podemos citar como espécies dela as decorrentes do trabalho: eventual, avulso, autônomo etc.

4.3. ÔNUS OBJETIVO E ÔNUS SUBJETIVO

Alguns doutrinadores trazem a ideia de que o ônus da prova deve ser analisado sob dois aspectos: um voltado para o ônus objetivo, e outro, para o ônus subjetivo.

Segundo as palavras de Carlos Alberto Reis de Paula[75]:

> "Para tanto, parte-se da premissa de que as partes, quando comparecem a juízo, têm interesses diversos, e o maior interessado que o juiz se convença da veracidade de um fato é o litigante a quem aproveita o reconhecimento dele como verdadeiro. Esse interesse da prova passa a ser uma necessidade para que o litigante obtenha êxito, pelo que procurará valer-se dos meios que a lei permita usar para persuadir o julgador na instrução do processo. Nesse sentido é que se fala em ônus subjetivo da prova (...). Todavia, podem resultar infrutíferos para o convencimento do julgador, os resultados da atividade instrutória. Apesar disso, o órgão judicial está obrigado a julgar, sob pena de denegação do direito. Como destaca José Carlos Barbosa Moreira (*Temas de direito processual*. 2 série. 2ª ed. São Paulo: Saraiva, 1988. Julgamento e ônus da prova. p. 74-75), "a circunstância de que, ainda assim, deva ser decidido torna imperioso que alguma das partes suporte o risco inerente ao mau êxito da prova. Cuida então a lei, em geral, de proceder a uma distribuição de riscos: traça critérios destinados a indicar, conforme o caso, qual dos litigantes terá de suportá-los, arcando com as consequências desfavoráveis de não se haver provado o fato que lhe aproveitava". É o ônus objetivo da prova".

(75) PAULA, Carlos Alberto Reis de. *A especificidade do ônus da prova no processo do trabalho*. 2. ed. São Paulo: LTr. 2010. p. 100.

Portanto, o aspecto subjetivo é direcionado aos litigantes na medida em que questiona qual deles terá de fazer prova a respeito do fato específico e, consequentemente, deverá ter o encargo de suportar o risco da prova frustrada. Tal vertente atua normalmente na ordem privada e estabelece uma sanção à inércia ou à ação improdutiva da parte.

Já o aspecto objetivo é voltado ao magistrado, responsável pela regra de julgamento. É vinculado à função jurisdicional, constitui um necessário da ordem jurídica, a qual não aceita que o juiz se exima de julgar, utilizando-se da escusa da imprecisão dos fatos pela falta de provas. Desse modo, ele terá o dever de julgar de acordo com as provas existentes nos autos e estabelecerá consequências quando ausentes as provas de determinado fato. Pode-se dizer que uma das finalidades deste aspecto é definir o efeito do não cumprimento do ônus subjetivo pela parte.

Há entendimento no sentido contrário sobre alguns aspectos, uma vez que, para alguns juristas, como, por exemplo, Manoel Antonio Teixeira Filho, não há falar em ônus para o juiz, pois há critérios de avaliação que ele se vale para proferir o julgamento de cada caso, critérios esses, "livres" que ele considera para apreciar as provas, pois no nosso ordenamento jurídico, o sistema adotado é o da persuasão racional ou do livre convencimento motivado, sendo assim, torna-se impossível a existência de um ônus a ser suportado por ele. E, quanto a não produção de prova pela parte a quem incumbe o ônus, tal descumprimento não é de relevância, ou seja, não gera qualquer efeito, uma vez que pouco importa para o juiz quem produziu a prova, já que ela pertence ao processo e será apreciada conforme o seu valor intrínseco.

Como já explicitado, o ônus consiste numa faculdade para a parte a quem lhe compete fazê-lo. Pode ela cumprir ou não este encargo. As "penalidades" que vier a sofre em consequência do não fazer poderão gerar implicações somente à ela, como, por exemplo, algum prejuízo na formação da convicção por parte do magistrado referente a alguma alegação feita. Sendo assim, não há falar, então, em sanção judicial.

Dessa forma, o que se pretende com a "distinção dos ônus" é dizer o que compete a cada parte fazer dentro do processo. O juiz pode julgar de acordo com o seu convencimento, desde que motivado; e quando achar necessário pedir provas quando achar que as presentes no processo são insuficientes ou quando ausentes. O que não pode é deixar de proferir julgamento com o pretexto de insuficiência de provas.

Neste ponto que o "ônus objetivo" discorre. Ele não pode abster-se de julgar alegando escassez de provas. Quanto às partes, ou seja, o "ônus subjetivo", elas devem fazer prova de suas alegações para formar o convencimento do julgador, caso contrário, podem ser prejudicadas na sentença pela falta de embasamento dos fatos afirmados, ou seja, responderão pela insuficiência probatória, que resultaria numa sentença desfavorável, essa sim, a real penalidade consequente da não produção de provas suficientes.

Veja jurisprudência sobre o tema:

"AGRAVO. RECURSO DE REVISTA. LEIS 13.015/2014 E 13.467/2017. IN 40 DO TST. TERCEIRIZAÇÃO. RESPONSABILIDADE SUBSIDIÁRIA. ENTE PÚBLICO. TOMADOR DE SERVIÇOS. FISCALIZAÇÃO NÃO DEMONSTRADA. ÔNUS DA PROVA. No julga-mento dos embargos de declaração nos autos do RE-760931/DF, o Supremo Tribunal Federal reafirmou sua jurisprudência acerca da responsabilidade da Administração Pública quanto ao pagamento de verbas trabalhistas devidas a empregados que a esta prestam serviços de maneira terceirizada. Em um primeiro momento, a Corte Constitucional ratificou a constitucionalidade do art. 71, § 1º, da Lei 8.666/1993, na linha do que já havia decidido na ADC 16. Em um segundo instante, fixou-se a tese no sentido de que "o inadimplemento dos encargos trabalhistas dos empregados do contratado não transfere automaticamente ao Poder Público contratante a responsabilidade pelo seu pagamento, seja em caráter solidário ou subsidiário, nos termos do art. 71, § 1º, da Lei n. 8.666/93". Aqui, deixou-se evidente que o inadimplemento da empresa terceirizada não autoriza, por si só, o redirecionamento da responsabilidade à Administração Pública. Com efeito, embora seja possível a responsabilização do ente público, não é o inadimplemento o seu pressuposto único. Aliás, a equilibrada decisão do Supremo Tribunal Federal deixou claro que a expressão "automaticamente", contida na tese, teve como objetivo possibilitar ao trabalhador a responsabilização do ente público "dependendo de comprovação de culpa *in eligendo* ou culpa *in vigilando*, o que decorre da inarredável obrigação da administração pública de fiscalizar os contratos administrativos firmados sob os efeitos da estrita legalidade" (voto do Min. Edson Fachin, redator do acórdão do ED-RE-760931/DF). Portanto, ficou decidido no julgamento do recurso extraordinário (e reafirmado no julgamento dos embargos de declaração) que é possível responsabilizar a Administração Pública pelo pagamento das verbas trabalhistas devidas a empregados das empresas terceirizadas, de maneira subsidiária, quando constatada a omissão na sua atuação, que é obrigatória, sendo vedada a presunção de culpa. Sendo assim, as regras de distribuição do ônus da prova continuam a observar os dispositivos infraconstitucionais que as regulam, a exemplo dos arts. 373 do CPC/2015 e 818 da CLT. Dito isso, é a Administração Pública que tem a aptidão para a prova da fiscalização do contrato administrativo de prestação de serviços (aspecto subjetivo do ônus da prova), obrigação que decorre da própria Lei de Licitações (arts. 58, III, e 67 da Lei n. 8.666/1993), na linha do que definiu o Supremo Tribunal Federal. Portanto, nos casos em que não há prova de fiscalização, deve o julgador decidir contrariamente à parte que tinha o ônus probatório e dele não se desincumbiu: é a própria adoção da distribuição do ônus da prova como regra de julga-mento (aspecto objetivo do ônus da prova). No caso, especificamente no que diz respeito à caracterização da culpa do ente público, o Tribunal Regional consignou que é da Administração Pública o ônus da prova da fiscalização do contrato administrativo de prestação de serviços, e considerou que não foi comprovada a fiscalização pelo ente público, julgando procedente o pedido de responsabilização subsidiária da Administração Pública. Nesse sentido, não comporta reparos a decisão regional. O acórdão proferido pelo Tribunal Regional, mantido pela decisão agravada, está em conformidade com a jurisprudência iterativa, notória e atual desta Corte Superior, consubstanciada na Súmula n. 331, V. Incide, pois, a diretriz consubstanciada no art. 896, § 7º, da CLT e na Súmula n. 333 do TST. Precedentes. Agravo não provido" (Ag-RR-100428-25.2019.5.01.0081, 2ª Turma, Relatora Ministra Maria Helena Mallmann, DEJT 19.12.2022).

4.4. PROVA DO FATO NEGATIVO

De acordo com a perfeita observação de Marcelo Abelha Rodrigues (*Elementos do direito processual civil*, v. II, p. 171), na obra de Carlos Henrique Bezerra Leite(76), sobre o problema do *onus probandi* dos fatos negativos, temos que:

> "durante muito tempo e sob influência do direito romano eram dispensados de prova, sob a alegação de que quem os deveria provar era quem os afirmava, e não quem os negava. Logo, a negativa da parte excluía dela o ônus de prová-los. Todavia. Hodiernamente, este não é o alvitre com relação aos fatos negativos, já que prevalece a regra de que, se a negativa resulta de uma afirmação que se pretende obter por via de uma declaração negativa, impõe-se à parte que nega o ônus de prová-lo."

Antigamente, a ideia que se tinha é a de que o fato negativo não poderia ser objeto de prova. Tal afirmação era um absurdo jurídico, pois toda negação contém, implicitamente, uma afirmação. Sendo assim, quando é atribuído a uma alegação específico atributo, tem por consequência a dedução de se negar todos os demais atributos contrários ou distintos da mesma alegação.

Por exemplo, se o empregador alega que não dispensou o empregado sem justa causa (constitui a negação do fato), estará, implicitamente, aquele alegando (afirmação do fato) que o empregado se demitiu ou abandonou seu emprego.

Ressalta, acerca da matéria, Manoel Antonio Teixeira Filho(77):

> "o art. 818, da CLT, que estabelece o critério objetivo específico para a partição da carga da prova entre os litigantes, diz apenas (e é o quanto basta) que o ônus incumbirá à parte que formular alegações, sem distinguir entre positivas ou negativas tais alegações. Basta que alegue e aí estará o ônus, pouco importando de quem tenha sido a iniciativa. Calham à hipótese, portanto, as palavras precisas de Eduardo Couture (*Fundamentos Del Derecho Procesal Civil*, 1951, p. 151/152), no sentido de que 'Nenhuma regra positiva ou lógica dispensa o litigante de produzir prova de suas alegações.'"

Desse modo, quando o empregador afirmar uma alegação oposta à do empregado, sobre ele recairá o ônus de provar ser verdadeira, mesmo que se trate de negativa, uma vez que a simples negação de uma afirmação feita por uma parte, não é capaz por si só de elidir a afirmação feita pela parte contrária.

---

(76) LEITE, Carlos Henrique Bezerra Leite. *Curso de direito processual do trabalho*. 8. ed. São Paulo: LTr, 2010. p. 567.

(77) TEIXEIRA FILHO, Manoel Antonio. *A prova no processo do trabalho*. 5. ed. São Paulo: LTr, 1989. p. 88.

5. APLICAÇÃO AO PROCESSO DO TRABALHO

5.1. INTRODUÇÃO

Com certeza, as inovações trazidas no Código de Processo Civil de 2015 e na CLT trarão mudanças substanciais tanto no procedimento processual quanto na atuação jurisdicional.

Se eram necessárias ou não, somente o tempo nos dará a resposta. Todavia, uma coisa é certa, o mundo muda a cada segundo, sendo certo que a legislação sempre estará em mora com o "fato social".

A tentativa de modernizar e trazer novos parâmetros já não era sem tempo. O Direito é magnífico, não importa o seu ramo, mas não pode viver de maneira solitária e indiferente ao progresso humano, científico, tecnológico etc.

Os conflitos na sociedade moderna se multiplicam. A judicialização tem sido a forma dos jurisdicionados solucionarem seus conflitos com a participação de terceiros. Não resta dúvida de que o fenômeno decorre do próprio desenvolvimento econômico. Se a economia cresce, os embates tendem também a crescer. É algo ligado umbilicalmente ao processo de expansão econômica e da concorrência do mercado, seja local, seja mundial ("o capitalismo selvagem").

Com efeito, as lides ficam mais duras e complexas necessitando de equilíbrio entre o poder e a capacidade das partes. Isto significa dizer que, quem pode mais, leva vantagem sobre aquele que não possui tanta capacidade material, ou mesmo de recursos financeiros.

O desafio não é fazer uma comparação entre os dispositivos dos Códigos de 1973 e 2015 e a CLT, mas sim trazer a reflexão de que ocorreu uma melhora substancial no que diz respeito a possibilidade de redistribuição pelo juízo do ônus da prova, conforme a peculiaridade de cada caso.

5.2. LEGISLAÇÃO

5.2.1. CPC de 1973

CAPÍTULO IV
DO JUIZ

SEÇÃO I
DOS PODERES, DOS DEVERES E DA RESPONSABILIDADE DO JUIZ

Art. 125. O juiz dirigirá o processo conforme as disposições deste Código, competindo-lhe:

I — assegurar às partes igualdade de tratamento;

(...)

SEÇÃO III
DA AUDIÊNCIA PRELIMINAR

Art. 331. Se não ocorrer qualquer das hipóteses previstas nas seções precedentes, e versar a causa sobre direitos que admitam transação, o juiz designará audiência preliminar, a realizar-se no prazo de 30 (trinta) dias, para a qual serão as partes intimadas a comparecer, podendo fazer-se representar por procurador ou preposto, com poderes para transigir.

§ 1º Obtida a conciliação, será reduzida a termo e homologada por sentença.

§ 2º Se, por qualquer motivo, não for obtida a conciliação, o juiz fixará os pontos controvertidos, decidirá as questões processuais pendentes e determinará as provas a serem produzidas, designando audiência de instrução e julgamento, se necessário.

§ 3º Se o direito em litígio não admitir transação, ou se as circunstâncias da causa evidenciarem ser improvável sua obtenção, o juiz poderá, desde logo, sanear o processo e ordenar a produção da prova, nos termos do § 2º.

CAPÍTULO VI
DAS PROVAS

SEÇÃO I
DAS DISPOSIÇÕES GERAIS

Art. 332. Todos os meios legais, bem como os moralmente legítimos, ainda que não especificados neste Código, são hábeis para provar a verdade dos fatos, em que se funda a ação ou a defesa.

Art. 333. O ônus da prova incumbe:

I — ao autor, quanto ao fato constitutivo do seu direito;

II — ao réu, quanto à existência de fato impeditivo, modificativo ou extintivo do direito do autor.

Parágrafo único. É nula a convenção que distribui de maneira diversa o ônus da prova quando:

I — recair sobre direito indisponível da parte;

II — tornar excessivamente difícil a uma parte o exercício do direito.

(...) Grifamos.

5.2.2. CPC de 2015

TÍTULO IV
DO JUIZ E DOS AUXILIARES DA JUSTIÇA

CAPÍTULO I
DOS PODERES, DOS DEVERES E DA RESPONSABILIDADE DO JUIZ

Art. 139. O juiz dirigirá o processo conforme as disposições deste Código, incumbindo-lhe:

I — assegurar às partes igualdade de tratamento;

II — velar pela duração razoável do processo;

III — prevenir ou reprimir qualquer ato contrário à dignidade da justiça e indeferir postulações meramente protelatórias;

IV — determinar todas as medidas indutivas, coercitivas, mandamentais ou sub-rogatórias necessárias para assegurar o cumprimento de ordem judicial, inclusive nas ações que tenham por objeto prestação pecuniária;

(...)

Seção IV
Do Saneamento e da Organização do Processo

Art. 357. Não ocorrendo nenhuma das hipóteses deste Capítulo, deverá o juiz, em decisão de saneamento e de organização do processo:

I — resolver as questões processuais pendentes, se houver;

II — delimitar as questões de fato sobre as quais recairá a atividade probatória, especificando os meios de prova admitidos;

III — definir a distribuição do ônus da prova, observado o art. 373;

(...)

CAPÍTULO XII
DAS PROVAS

Seção I
Disposições Gerais

Art. 369. As partes têm o direito de empregar todos os meios legais, bem como os moralmente legítimos, ainda que não especificados neste Código, para provar a verdade dos fatos em que se funda o pedido ou a defesa e influir eficazmente na convicção do juiz.

Art. 370. Caberá ao juiz, de ofício ou a requerimento da parte, determinar as provas necessárias ao julgamento do mérito.

Parágrafo único. O juiz indeferirá, em decisão fundamentada, as diligências inúteis ou meramente protelatórias.

Art. 371. O juiz apreciará a prova constante dos autos, independentemente do sujeito que a tiver promovido, e indicará na decisão as razões da formação de seu convencimento.

Art. 372. O juiz poderá admitir a utilização de prova produzida em outro processo, atribuindo-lhe o valor que considerar adequado, observado o contraditório.

Art. 373. O ônus da prova incumbe:

I — ao autor, quanto ao fato constitutivo de seu direito;

II — ao réu, quanto à existência de fato impeditivo, modificativo ou extintivo do direito do autor.

§ 1º Nos casos previstos em lei ou diante de peculiaridades da causa relacionadas à impossibilidade ou à excessiva dificuldade de cumprir o encargo nos termos do *caput* ou à maior facilidade de obtenção da prova do fato contrário, poderá o juiz atribuir o ônus da prova de modo diverso, desde que o faça por decisão fundamentada, caso em que deverá dar à parte a oportunidade de se desincumbir do ônus que lhe foi atribuído.

§ 2º A decisão prevista no § 1º deste artigo não pode gerar situação em que a desincumbência do encargo pela parte seja impossível ou excessivamente difícil.

§ 3º A distribuição diversa do ônus da prova também pode ocorrer por convenção das partes, salvo quando:

(...)

Aqui, a pretensão foi a de indicar alguns dispositivos, evitando o manuseio direto ao respectivo CPC.

5.3. PROCEDIMENTO

Por muito tempo, aqueles que atuam na Justiça Especializada do Trabalho conviveram com a aplicação subsidiária de outros ramos do Direito e leis esparsas no Processo do Trabalho.

Duas são as condições básicas:

a) Quando houver omissão na CLT quanto ao procedimento tratado;

b) Quando houver compatibilidade entre a CLT e a norma emprestada.

Vejamos a redação dos dispositivos que tratam da questão:

Art. 8º (...)

Parágrafo único. O direito comum será fonte subsidiária do direito do trabalho, naquilo em que não for incompatível com os princípios fundamentais deste.

Art. 769. Nos casos omissos, o direito processual comum será fonte subsidiária do direito processual do Trabalho, exceto naquilo em que for incompatível com as normas deste título.

(...)

Art. 889. Aos trâmites e incidentes do processo da execução são aplicáveis, naquilo em que não contravierem ao presente Título, os preceitos que regem o processo dos executivos fiscais para a cobrança judicial da dívida ativa da Fazenda Pública Federal.

Agora, o CPC/2015, no Capítulo II — Da aplicação das normas processuais, nos brinda com a inserção do artigo 15, cujo teor passamos transcrever:

> Art. 15. Na ausência de normas que regulem processos eleitorais, trabalhistas ou administrativos, as disposições deste Código lhes serão aplicadas supletiva e subsidiariamente. Grifamos.

Desta feita, a eventual lacuna que poderia haver, e reclamada pelos operadores de direito, acerca da utilização das demais normas que compõe o ordenamento jurídico foi preenchida por intermédio da autorização complexa, visto que, além de haver referência na CLT, o CPC/2015 também consignou a possibilidade da sua aplicação supletiva e subsidiária de forma clara e explícita.

Ainda que se considere despicienda, ao nosso sentir, a CLT é soberana curvando-se apenas à Constituição Federal.

A medida simplesmente reforçou o manejo alternativo judicial.

5.4. DO RECURSO DE AGRAVO DE INSTRUMENTO

Importante salientar que o Código de Processo Civil de 2015 trouxe de forma taxativa o cabimento do Agravo de Instrumento contra decisões que dispuserem sobre a redistribuição do ônus da prova. Confira-se:

> Art. 1.015 Cabe agravo de instrumento contra as decisões interlocutórias que versarem sobre:
>
> (...)
>
> XI — redistribuição do ônus da prova nos termos do art. 373, § 1º;
>
> (...)

Dessa forma, mesmo quando o diretor do processo determinar a distribuição do ônus da prova conforme a singularidade do caso concreto, a parte encarregada desse ônus, que não teria essa responsabilidade caso não houvesse essa determinação, poderá ingressar com o Agravo de Instrumento no prazo de 15 dias (§ 5º, art. 1.003, CPC/2015), se entender que esse encargo não cabe à ela.

Mesmo que a decisão seja mantida, esta possibilidade permite que as partes se manifestem e que suas justificativas sejam consideradas, garantindo assim um procedimento mais justo na fase instrutória. De qualquer modo, verdade mesmo é que independente de quem seja o ônus de provar, todos podem e devem colaborar para que o magistrado profira um julgamento mais justo e que reflita o que de fato as partes vivenciaram.

No entanto, esse procedimento não é recepcionado no Processo do Trabalho onde vige o princípio da celeridade, bem como da irrecorribilidade das decisões interlocutórias, não cabendo assim o recurso de Agravo de Instrumento, salvo nas hipóteses previstas na Súmula n. 214 do C. TST.

Destaque para a oração do § 2º do art. 799, do § 1º do art. 893 da CLT e da Súmula n. 214 do C. TST.

> Art. 799. Nas causas da jurisdição da Justiça do Trabalho, somente podem ser opostas, com suspensão do feito, as exceções de suspeição ou incompetência.
>
> (...)
>
> § 2º Das decisões sobre exceções de suspeição e incompetência, salvo, quanto a estas, se terminativas do feito, não caberá recurso, podendo, no entanto, as partes alegá-las novamente no recurso que couber da decisão final.

> Art. 893. Das decisões são admissíveis os seguintes recursos:
>
> (...)
>
> § 1º Os incidentes do processo são resolvidos pelo próprio juízo ou tribunal, admitindo-se a apreciação do merecimento das decisões interlocutórias somente em recurso da decisão definitiva

> N. 214. Decisão interlocutória. Irrecorribilidade.
>
> Na Justiça do Trabalho, nos termos do art. 893, § 1º, da CLT, as decisões interlocutórias não ensejam recurso imediato, salvo nas hipóteses de decisão: a) de Tribunal Regional do Trabalho contrária à Súmula ou Orientação Jurisprudencial do Tribunal Superior do Trabalho; b) suscetível de impugnação mediante recurso para o mesmo Tribunal; c) que acolhe exceção de incompetência territorial, com a remessa dos autos para Tribunal Regional distinto daquele a que se vincula o juízo excepcionado, consoante o disposto no art. 799, § 2º, da CLT.

5.5. RESOLUÇÃO N. 203, DE 15.3.2016 — INSTRUÇÃO NORMATIVA N. 39/2016 — TRIBUNAL SUPERIOR DO TRABALHO

> Dispõe sobre as normas do Código de Processo Civil de 2015 aplicáveis e inaplicáveis ao Processo do Trabalho, de forma não exaustiva.
>
> Art. 1º Aplica-se o Código de Processo Civil, subsidiária e supletivamente, ao Processo do Trabalho, em caso de omissão e desde que haja compatibilidade com as normas e princípios do Direito Processual do Trabalho, na forma dos arts. 769 e 889 da CLT e do art. 15 da Lei n. 13.105, de 17.03.2015.
>
> § 1º Observar-se-á, em todo caso, o princípio da irrecorribilidade em separado das decisões interlocutórias, de conformidade com o art. 893, § 1º da CLT e Súmula n. 214 do TST.
>
> § 2º O prazo para interpor e contra-arrazoar todos os recursos trabalhistas, inclusive agravo interno e agravo regimental, é de oito dias (art. 6º da Lei n. 5.584/70 e art. 893 da CLT), exceto embargos de declaração (CLT, art. 897-A).

Art. 3º Sem prejuízo de outros, aplicam-se ao Processo do Trabalho, em face de omissão e compatibilidade, os preceitos do Código de Processo Civil que regulam os s eguintes temas:

(...)

VII — art. 373, §§ 1º e 2º (distribuição dinâmica do ônus da prova);

(...)

Grifamos.

6. INFLUÊNCIA DO CÓDIGO DE DEFESA DO CONSUMIDOR AO PROCESSO DO TRABALHO

Com relação à divisão do ônus da prova, ao autor (reclamante) cabe a comprovação dos fatos constitutivos de seu direito e ao réu (reclamado), dos fatos impeditivos, modificativos ou extintivos do direito do autor, situações essas elencadas nos arts. 818, da CLT, e 373, do CPC/2015.

Contudo, em determinadas situações, existia a possibilidade de o juiz inverter esse ônus, isto é, a transferência do encargo probatório de uma parte para outra (ônus que pertencia ao autor é transferido ao réu ou quando pertencia ao réu é transferido ao autor).

Sendo assim, por exemplo, se ao autor era incumbido o ônus de provar o fato constitutivo de seu direito, ele será transferido ao réu, que deverá, então, fazer prova da inexistência do fato constitutivo do direito do autor.

Da leitura do dispositivo adjetivo processual, a inversão do ônus da prova poderá ser operada das seguintes maneiras: judicial ou legal e convencional.

A inversão convencional do ônus da prova é aquela inversão que poderá ser realizada pelas partes, ou seja, elas mesmas alteram a regra de distribuição do ônus. Está elencada no parágrafo 3º do art. 373 do CPC/2015. É vedada quando for indisponível o direito objeto da demanda ou tornar excessivamente difícil a uma parte o exercício do direito.

Esta regra não tem praticamente aplicação no Processo do Trabalho, isso em decorrência das peculiaridades do próprio Processo do Trabalho e da dificuldade que o autor possui em produzir provas (p. ex.: documentos). Porém, há entendimento de que se ela for aplicada em favor do trabalhador, diante de sua maior dificuldade em fazer prova das alegações, não há objeções em sua utilização. Percebe-se aqui a existência da proteção ao trabalhador na relação de emprego, já havendo uma presunção, desde o início da demanda, de sua hipossuficiência.

Já a inversão (regra) judicial (por se tratar de critério e decisão do juiz) ou legal (por estar previsto na norma legal) do ônus da prova primeiramente estava contida no art. 6º, VIII, do Código de Defesa do Consumidor, Lei n. 8.078/1990, que dispõe:

São direitos básicos do consumidor:

(...)

VIII — a facilitação da defesa de seus direitos, inclusive com a inversão do ônus da prova, a seu favor, no processo civil, quando, a critério do juiz, for verossímil a alegação ou quando for ele hipossuficiente, segundo as regras ordinárias de experiências;

(...)

Há corrente doutrinária que entende se tratar apenas de regra judicial. O que a nosso sentir não traz qualquer prejuízo.

Ressalta-se que ao consumidor foi concedido o direito à facilitação da defesa de seus direitos. Portanto, uma das formas que o legislador encontrou para promover tal facilitação foi a inversão do ônus da prova.

De acordo com o estudo, é notório que a inversão do ônus da prova se incorpora ao princípio constitucional da isonomia, visto que é justamente a inversão que proporciona que todos os lados da lide — autor (reclamante) e réu (reclamado) — estejam em igualdade de oportunidades para provar seu direito.

Conforme o dispositivo citado, para que ocorra a inversão em favor do consumidor, é fundamental que estejam presentes os requisitos que ensejarão o benefício. São eles: a hipossuficiência e a verossimilhança das alegações do consumidor.

Muito embora haja na doutrina certa divergência em relação à necessidade de preenchimento dos 2 requisitos para então fazer jus à inversão do ônus da prova, entendemos que não é necessário que ambos estejam presentes, pois a própria norma os separou pela conjunção "ou" (partícula disjuntiva), bastando, assim, que apenas 1 dos requisitos constantes na lei seja atendido.

A respeito do momento de inversão desse ônus, ensina Cleber Lúcio de Almeida(78):

> "a inversão do ônus da prova deve proceder o início da instrução do processo, porquanto no art. 6º, III, do CDC a inversão não é mero critério de julgamento, posto que indica ao juiz um comportamento a ser adotado para a instrução do processo. Segundo ele, estando presente um dos requisitos que aponta, o juiz deverá, antes de iniciar a instrução, inverter o ônus da prova. Cumpre registrar, contudo, que não poucos doutrinadores sustentam que os critérios de fixação do ônus da prova, que atuam também na inversão, constituem critérios de julgamento."

(78) ALMEIDA, Cleber Lúcio de. *Direito processual do trabalho*. 2. ed. Belo Horizonte: Del Rey: 2008. p. 488.

O doutrinador João Batista de Almeida[79] lança linhas no sentido de que "Compreensivelmente, limitou-se ao processo civil e as seguintes situações: quando houver verossimilhança nas alegações, a critério do juiz e segundo as regras ordinárias de experiência, ou quando houver comprovação da condição de hipossuficiência do consumidor... O deferimento da inversão deverá ocorrer entre a propositura da ação e o despacho saneador, pena de prejuízo para a defesa do réu".

Na mesma esteira doutrinária, Luiz Antonio Rizzatto Nunes[80] decanta que "E a observância de tal regra ficou destinada à decisão do juiz, segundo seu critério e sempre que se verificasse a verossimilhança das alegações do consumidor ou sua hipossuficiência... Vale dizer, deverá o magistrado determinar a inversão. E esta se dará pela decisão entre duas alternativas: verossimilhança das alegações ou hipossuficiência. Presente uma das duas, está o magistrado obrigado a inverter o ônus da prova... Por isso, o reconhecimento da hipossuficiência do consumidor para fins de inversão do ônus da prova não pode ser visto como uma forma de proteção ao mais 'pobre'. Ou, em outras palavras, não é por ser 'pobre' que deve ser beneficiado com a inversão do ônus da prova, até porque a questão da produção da prova é processual, e a condição econômica do consumidor diz respeito ao direito material".

Com o advento da Lei n. 13.467/2017, o art. 818 da CLT sofreu alterações, passando a dispor sobre a possibilidade de inversão do ônus da prova e o seu momento de aplicação.

Antes da modificação, o art. 818 assim dizia:

> Art. 818. A prova das alegações incumbe à parte que as fizer.

Portanto, a regra aplicada era a distribuição estática do ônus da prova. Com a sua mudança, passou a vigorar da seguinte maneira:

> Art. 818. O ônus da prova incumbe: (Redação dada pela Lei n. 13.467, de 2017)
>
> I — ao reclamante, quanto ao fato constitutivo de seu direito; (Incluído pela Lei n. 13.467, de 2017)
>
> II — ao reclamado, quanto à existência de fato impeditivo, modificativo ou extintivo do direito do reclamante. (Incluído pela Lei n. 13.467, de 2017)
>
> § 1º Nos casos previstos em lei ou diante de peculiaridades da causa relacionadas à impossibilidade ou à excessiva dificuldade de cumprir o encargo nos termos deste artigo ou à maior facilidade de obtenção da prova do fato contrário, poderá o juízo atribuir o ônus da prova de modo diverso, desde que o faça por decisão fundamentada,

(79) ALMEIDA, João Batista de. *A proteção jurídica do consumidor.* 2. ed. São Paulo: Saraiva, 2000. p. 103-104.

(80) NUNES, Luiz Antonio Rizzatto. *Comentários ao Código de Defesa do Consumidor.* São Paulo: Saraiva, 2000. p. 122-124.

caso em que deverá dar à parte a oportunidade de se desincumbir do ônus que lhe foi atribuído. (Incluído pela Lei n. 13.467, de 2017)

§ 2º A decisão referida no § 1º deste artigo deverá ser proferida antes da abertura da instrução e, a requerimento da parte, implicará o adiamento da audiência e possibilitará provar os fatos por qualquer meio em direito admitido. (Incluído pela Lei n. 13.467, de 2017)

§ 3º A decisão referida no § 1º deste artigo não pode gerar situação em que a desincumbência do encargo pela parte seja impossível ou excessivamente difícil. (Incluído pela Lei n. 13.467, de 2017)

Portanto, a mudança positiva certamente ocorreu diante da indiscutível pertinência ao Processo do Trabalho, isso porque, em muitos casos, o empregado (autor) possui um estado de hipossuficiência que o impede de produzir provas que comprovam as alegações postas em juízo, ou ainda, a produção dessas provas se torna muito onerosa, o que ocasionaria, em decorrência desses fatores, na inviabilização da efetividade do próprio direito pleiteado.

Todavia, mesmo antes da Lei n. 13.467, de 2017, era perfeitamente aplicável a regra de inversão do ônus da prova presente no Código de Defesa do Consumidor ao Processo do Trabalho. Não apenas pela omissão da Consolidação das Leis Trabalhistas, mas também, pela compatibilidade que mencionada regra possui com os princípios que norteiam o Processo do Trabalho (arts. 8º, parágrafo único, e 769 e 889, da CLT), em especial, o princípio de acesso à justiça do trabalhador.

Segundo o já citado art. 6º, VIII, do Código de Defesa do Consumidor, Lei n. 8.078/1990, requisitos indispensáveis para a inversão do ônus da prova, conforme já devidamente exposto, é a hipossuficiência ou a verossimilhança das alegações.

Segundo Mauro Schiavi(81), outro requisito presente neste artigo é a faculdade do juiz. Como bem ensina:

> "a) faculdade do juiz: A inversão do ônus da prova é faculdade do juiz que pode ser levada a efeito de ofício, independentemente de requerimento das partes. Segundo melhor doutrina, só haverá a necessidade de inversão do ônus da prova se não houver provas nos autos, ou seja, as partes não se desincumbiram do encargo probatório que lhes competia (*non liquet*). Com bem adverte Nélson Nery Júnior (*Código Civil comentado e legislação extravagante*. São Paulo: RT, 2005. p. 957): caso as tenham se desincumbido do ônus da prova, não haverá o *non liquet* e o juiz, portanto, julgará de acordo com as provas e o seu livre convencimento (CPC/73 131);
>
> b) hipossuficiência do reclamante: A hipossuficiência não é necessariamente a econômica, mas a dificuldade excessiva de se produzir prova;

(81) SCHIAVI, Mauro. *Manual de direito processual do trabalho*. 2. ed. São Paulo: LTr, 2008. p. 463.

> c) verossimilhança da alegação: A alegação verossímil é que tem aparência de verdade. Na avaliação da verossimilhança, deve o juiz sopesar se há mais motivos para crer do que para não crer na veracidade da afirmação do autor. Também o juiz do Trabalho se pautará pelas regras de experiência do que ordinariamente acontece (art. 335 do CPC/73)".

Do exposto, importante destacar que, assim como o ônus da prova é uma faculdade das partes, a inversão dele também o é para o juiz. Ainda que a produção de provas pelas partes seja necessária para que haja a possibilidade da inversão, pois cada parte tem certo encargo probatório e dele não pode se eximir, salvo na situação de hipossuficiência, a regra de inversão é aplicada quando há falta de provas ou ausência delas em razão da impossibilidade de ser produzida por uma das partes.

No que concerne a hipossuficiência, ela refere-se tanto à dificuldade econômica quanto à dificuldade técnica (falta de informação e educação) do consumidor. E, por último, sobre a verossimilhança, o juiz toma por base as regras de experiência, de modo a não afrontar o bom senso e agredir a razoabilidade da situação (o que é provável/possível).

O Mestre Gianncarlo Camargo Manhabusco enfatiza que:

> "Nesse sentido, é possível afirmar que o Novo Código de Processo Civil se amolda ao entendimento do desenvolvedor da teoria. Isso porque, a teoria estática continua sendo a regra geral do ordenamento e a aplicação da teoria dinâmica, quando realizada, dar-se-á na busca pela efetividade, de modo a romper com o excesso de formalismo e com objetivo precípuo de garantir a aplicação da Constituição." (*A teoria da distribuição dinâmica do ônus da prova como elemento de efetivação da igualdade processual*, Life, 2019, p. 70)

Vejamos alguns julgados:

"I) AGRAVO DE INSTRUMENTO DO MUNICÍPIO — RESPONSABILIDADE SUBSIDIÁRIA DA ADMINISTRAÇÃO PÚBLICA NA TERCEIRIZAÇÃO DE SERVIÇOS — ÔNUS DA PROVA — TRANSCENDÊNCIA POLÍTICA DA CAUSA — POSSÍVEL VIOLAÇÃO DE LEI À LUZ DO PRECEDENTE VINCULANTE DO STF NO TEMA 246 DA TABELA DE REPERCUSSÃO GERAL — PROVIMENTO. Diante do entendimento fixado pelo STF na ADC 16 e no precedente de repercussão geral RE 760.931 (*leading case* do Tema 246), é de se dar provimento ao agravo de instrumento, ante a possível violação dos arts. 71, § 1º, da Lei 8.666/93, 818 da CLT e 373, I, do CPC, por decisão regional que reconhece a responsabilidade subsidiária da administração pública, com base na atribuição do *ônus probandi* à Administração Pública. Agravo de instrumento provido. II) RECURSO DE REVISTA DO MUNICÍPIO — RESPONSABILIDADE SUBSIDIÁRIA DA ADMINISTRAÇÃO PÚBLICA NA TERCEIRIZAÇÃO DE SERVIÇOS — ÔNUS DA PROVA — REJEIÇÃO DA TESE DO ÔNUS DO ENTE

PÚBLICO NO PRECEDENTE VINCULANTE DO STF EMANADO DO RE 760.931 (TEMA 246 DE REPERCUSSÃO GERAL) — ACOLHIMENTO DE RECLAMAÇÕES PELO STF POR DESCUMPRIMENTO DESSE ENTENDIMENTO — TRANSCENDÊNCIA POLÍTICA — VIOLAÇÃO DOS ARTS. 71, § 1º, DA LEI 8.666/93, 818 DA CLT E 373, I, DO CPC — PROVIMENTO. 1. Ao apreciar a Reclamação 40.137, a 1ª Turma do STF assentou que " a leitura do acórdão paradigma revela que os votos que compuseram a corrente majoritária no julgamento do RE 760.931 (Tema 246 da sistemática da repercussão geral) assentaram ser incompatível com reconhecimento da constitucionalidade do art. 71, § 1º, da Lei 8.666/1993 o entendimento de que a culpa do ente administrativo seria presumida e, consectariamente, afastaram a possibilidade de inversão do ônus probatório na hipótese" (Red. Min. Luiz Fux, DJe de 12.08.20). Tanto a 1ª quanto a 2ª Turmas do STF têm reiteradamente cassado decisões do TST que reconhecem a responsabilidade subsidiária da administração pública por inversão do ônus da prova em favor do empregado quanto à fiscalização do cumprimento das obrigações trabalhistas pela empresa terceirizada. 2. Em que pesem tais decisões, que deixam claro o teor dos precedentes do STF sobre a matéria, emanados da ADC 16 e do RE 760.931, a SDI-1, em sua composição completa, reafirmou sua posição no sentido do ônus da prova da administração pública, alegando silêncio sobre o ônus da prova nos precedentes do STF (E-RR-925-07.2016.5.05.0281, Rel. Min. Cláudio Mascarenhas Brandão, de 12.12.19; E-ED-RR- 62-40.2017.5.20.0009, Rel. Min. Márcio Eurico Vitral Amaro, de 10.09.20), em claro confronto com o decidido pelo Supremo Tribunal Federal. 3. A Suprema Corte, diante de tal posicionamento do TST, a par de erigir novo tema de repercussão geral (n. 1.118), mas sem determinar o sobrestamento dos feitos, continua a cassar, e de forma ainda mais incisiva, decisões do TST que atribuam ao tomador dos serviços o ônus da prova da *culpa in vigilando*, *verbis*: "Não se pode admitir a transferência para a Administração Pública, por presunção de culpa, da responsabilidade pelo pagamento dos encargos trabalhistas, fiscais e previdenciários devidos ao empregado da empresa terceirizada, sequer sendo de se lhe atribuir a prova de que não falhou em seus deveres legais, do que decorreria alguma responsabilização. [...] Na espécie, a de-cisão reclamada revela injustificável e obstinada relutância da autoridade reclamada em dar fiel cumprimento às ordens emanadas deste Supremo Tribunal, o que não se pode admitir" (Rcl 51.899-RS, Rel. Min. Cármen Lúcia, julgada em 17.03.22). 4. Tendo em vista o caráter vinculante das decisões do STF em temas de repercussão geral, o que não se dá com decisões da SDI-1 do TST, é de se sobrepor aquelas a estas. 5. No caso dos autos, na decisão regional recorrida extraiu-se a *culpa in vigilando* da não demonstração, por parte do Recorrente, da ocorrência da efetiva fiscalização do contrato, em nítida inversão do ônus da prova, conjugada com o inadimplemento das obrigações trabalhistas pela Prestadora de serviços. 6. A partir do reconhecimento da *culpa in vigilando* da administração pública na fiscalização do cumprimento das obrigações trabalhistas por parte da empresa terceirizada, o Regional reconheceu a responsabilidade subsidiária do Município Reclamado por essas obrigações, fazendo-o contra a literalidade do art. 71, § 1º, da Lei 8.666/93 e dos termos de exceção que o STF abriu ao comando legal. 7. Assim, merece provimento o recurso de revista do Município, na medida em que não cabe o reconhecimento da responsabilidade subsidiária de ente público com lastro apenas na inadimplência de prestador de ser-viços ou na culpa presumida, com atribuição do *ônus probandi* da fiscalização (ou da não culpa) à Administração Pública. Recurso de revista provido" (RR-1000048-63.2020.5.02.0614, 4ª Turma, Relator Ministro Ives Gandra da Silva Martins Filho, DEJT 19.12.2022).

RECURSO DE EMBARGOS REGIDO PELA LEI N. 11.496/2007. Nulidade do acórdão recorrido por negativa de prestação jurisdicional. A partir da vigência da Lei n. 11.496/2007, os embargos à SDI passaram a ter como finalidade precípua uniformizar a jurisprudência deste Tribunal de modo que esse recurso se habilita apenas por dissenso jurisprudencial. Impertinente, pois, a indicação de violação de Lei e da Constituição Federal. Quanto à alegação de divergência jurisprudencial, frise-se que pelo permissivo do art. 894, II, da CLT é necessária a observância de alguns requisitos de validade formal (Súmula n. 337 do TST) e os arestos devem ser específicos consoante recomenda a jurisprudência sedimenta na Súmula n. 296, I, do TST, o que não se verifica no caso concreto. Igualmente a Súmula n. 297 do TST, em regra, não autoriza o conhecimento dos embargos, exceto quando é possível abstrair claramente que foi criado impedimento não recomendado no seu teor, hipótese não constatada no acórdão recorrido. Recurso de Embargos não conhecido. Revelia. Pena de confissão. A matéria foi analisada pela turma do TST sob o enfoque da inversão do ônus da prova, ao entendimento de que na esteira do decidido pelo Tribunal Regional, a preposta era empregada da reclamada e essa condição não foi infirmada pelo espólio. Somente se no acórdão recorrido houvesse tese expressa reconhecendo que a preposta não era empregada é que seria possível conhecer dos embargos por divergência com os citados arestos e/ou em confronto com a Súmula n. 377 do TST. Tanto no acórdão que julgou a revista como no acórdão dos Embargos de Declaração a turma do TST confirmou a afirmação do Tribunal Regional de que a preposta era empregada da empresa e que essa condição não foi desconstituída pelo espólio. Não reconhecida a hipótese de revelia, inviável o conhecimento dos embargos por contrariedade à Súmula n. 74 do TST. Recurso de Embargos não conhecido. Unicidade contratual. Incabíveis os embargos interpostos contra acórdão publicado após a vigência da Lei n. 11.496/2007, por indicação de violação de preceito de Lei, a teor do art. 894, II, da CLT. No que diz respeito à alegação de divergência jurisprudencial também não se verifica a possibilidade de conhecimento. O aresto indicado para confronto de teses é originário de Tribunal Regional do trabalho. Por fim, revela-se impertinente a alegação de contrariedade às Súmulas ns. 74 e 377 do TST, cujo entendimento jurisprudencial a respeito da revelia e seus efeitos não guardam sintonia com a matéria posta em discussão. Recurso de Embargos não conhecido. Diferenças salariais e reflexos. Reitera-se a impossibilidade de análise de violação de preceito de Lei em se tratando de embargos regidos pela Lei n. 11.496/2007. Também improsperável o apelo por contrariedade às Súmulas ns. 74 e 377 do TST, haja vista que ao tratarem do entendimento jurisprudencial a respeito da revelia e seus efeitos, revelam-se impertinente para solucionar controvérsia sobre diferenças salariais, como pretende o recorrente, no particular. Igualmente não merece acolhimento a pretensão recursal por divergência jurisprudencial. O primeiro aresto, por ser originário do STJ, não atende requisito de ordem formal previsto no art. 894, II, da CLT, e o segundo oriundo desta subseção é inespecífico nos termos da Súmula n. 296, I, do TST. Emite tese sobre a possibilidade de ajuizamento de uma única ação para pleitear multas por descumprimento de instrumentos normativos diversos, enquanto que no acórdão recorrido foi aplicada a Súmula n. 126 do TST como óbice à pretensão recursal. Recurso de Embargos não conhecido. FGTS. Incidência sobre salário *in natura*. Mais uma vez constata-se a impossibilidade de conhecer dos embargos. O recorrente limitou a arguir violação de Lei sem observar o comando previsto no art. 894, II, da CLT na sua redação atual dada pela Lei n. 11.496/2007, vigente à época da publicação do acórdão recorrido. Recurso de Embargos não conhecido. Férias e dobra legal. Consoante a decisão do Tribunal Regional transcrita no acórdão recorrido percebe-se que a reclamada foi condenada a pagar as férias dos períodos aquisitivos de 1999/2000 e 2000/2001, de forma simples, em razão do contido no item g da petição inicial. Os demais períodos não foram examinados pela turma do TST. Verifica-se, portanto, que não há especificidade apta a ensejar o conhecimento dos embargos na forma preconizada pela Súmula n. 296, I, do TST. Por ter havido condenação adstrita aos termos como formulada a pretensão pelo espólio na inicial, também não há como constatar contrariedade à Súmula n. 7 do TST, haja vista que a forma de cálculo das férias deu-se nos limites como formulado o pedido na petição inicial. Recurso de Embargos não conhecido. Horas extras e reflexos no dsr. Reiteram-se aqui os mesmos fundamentos acima expostos quanto à impossibilidade de examinar afronta a dispositivos de Lei e da Constituição Federal em julgamento de embargos à SDI regidos pela Lei n. 11.496/2007. Com relação à contrariedade às Súmulas ns. 74 e 377 do TST, constata-se que a irresignação do recorrente quanto a não aplicação da pena de confissão à reclamada está sendo utilizada em todos os temas do recurso, no entanto, não tem pertinência direta com todas as matérias a ponto a ensejar o processamento do apelo. Nem mesmos os arestos ensejam o processamento do apelo, no particular. Alguns por não observarem requisitos de ordem formal (Súmula n. 337 do TST) e outros, em face da incidência da Súmula n. 296, I, do TST. Recurso de Embargos não conhecido. Honorários advocatícios. Na justiça do trabalho permanece o entendimento de que não é cabível o pagamento de honorários advocatícios além das hipóteses previstas na Lei n. 5.584/1970, quais sejam, miserabilidade jurídica do trabalhador e credenciamento do seu procurador pelo sindicato da categoria profissional (Súmulas ns. 219 e 329 do TST). Se o então trabalhador não estava assistido por sindicato da categoria profissional, deve ser mantida a decisão recorrida que manteve o indeferimento do pedido da verba honorária. Recurso de Embargos não conhecido. (Tribunal Superior do Trabalho — TST; E-ED-RR n. 20.600-83.2004.5.23.0051; Primeira Subseção de Dissídios Individuais; rel. min. Augusto César Leite de Carvalho; DEJT 24.2.2012; p. 324.)

7. MOMENTO DE INVERSÃO DO ÔNUS DA PROVA PELO JUIZ

Carlos Alberto Reis de Paula[82] consagra que:

> "A inversão do ônus da prova é uma das peculiaridades do processo do trabalho, e esse fenômeno encontra sua justificativa na instrumentalidade do direito processual, de forma genérica, e nas particularidades do processo do trabalho, de forma específica".

E continua:

> "A história nos revela que o nosso Direito material tem suas raízes ainda plantadas no direito romano, passando pelas linhas ibéricas, anglo-saxônica e canônica, principalmente no âmbito do direito civil e mercantil, de índole individualista e privativista. Vê-se o homem considerado apenas individualmente como sendo capaz de adquirir direitos, contrair obrigações, negocial, tornar-se proprietário, em um direito quase que exclusivamente real e obrigacional. De um lado, o indivíduo, do outro, a coisa (a *res* do direito romano), e, e entre eles, a relação acobertada pelo direito".

Doutrina e jurisprudência eram divergentes em relação ao momento de inversão do ônus da prova pelo juiz. A lei trabalhista era silente sobre essa questão.

A discussão girava em torno de saber se tratava de regra de julgamento (após a instrução e por ocasião do julgamento) ou de atividade (na instrução do processo).

Desta maneira, ao analisar as correntes existentes, desde a primeira edição, defendemos a regra que, ao nosso ver, preserva o contraditório e a ampla defesa (art. 5º, LV, da CF).

---

(82) PAULA, Carlos Alberto Reis de. *A especificidade do ônus da prova no processo do trabalho*. 2. ed. São Paulo: LTr, 2010. p. 113.

Ou seja, nosso entendimento sempre foi aquele que pregava que o momento em que o ônus da prova deveria ser invertido pelo juiz do trabalho é antes de iniciar a audiência de instrução e a decisão deve ser fundamentada, com base no art. 93, IX, da CF, que assim enfatiza:

> "Todos os julgamentos dos órgãos do Poder Judiciário serão públicos, e fundamentadas todas as decisões, sob pena de nulidade, podendo a lei limitar a presença, em determinados atos, às próprias partes e a seus advogados, ou somente a estes, em casos nos quais a preservação do direito à intimidade do interessado no sigilo não prejudique o interesse público à informação".

Adotando o procedimento, evitava-se uma decisão surpresa, ou seja, o intuito era de que a parte contra a qual o ônus da prova fosse invertido não fosse surpreendida e pudesse produzir todas as provas que considerasse pertinentes.

Compartilha do mesmo entendimento, César P. S. Machado Jr.[(83)]:

> "A colheita das provas trabalhistas é feita na audiência e este é o local e momento ideal para o juiz verificar a existência de qualquer circunstância que leva à inversão do ônus probatório, razão pala qual deverá manifestar-se a respeito nesta oportunidade, de forma expressa, na forma do art. 93, IX, da CF".

Logo, a nosso ver, parecia mais justo e pertinente com as garantias do devido processo legal, de que seria na audiência de instrução que o juiz iria avaliar as provas trazidas no bojo do processo e verificaria a necessidade de produção de novas provas pertinentes a causa, explicando quais seriam objeto de inversão.

Todavia, como já fora anunciado, havia outro posicionamento quanto a este momento de inversão. Alguns doutrinadores compactuavam o entendimento de que o momento a ser aplicada a regra seria na própria sentença.

Nesse sentido é a visão de Cândido Rangel Dinamarco[(84)]:

> "O momento adequado à inversão do ônus da prova é aquele em que o juiz decide a causa (Barbosa Moreira). Antes, sequer ele sabe se a prova será suficiente ou se será necessário valer-se das regras ordinárias sobre esse ônus, que para ele só são relevantes em caso de insuficiência probatória".

---

(83) MACHADO JR., César P. S. *O ônus da prova no processo do trabalho*. 3. ed. São Paulo: LTr, 2001. p. 156.

(84) DINAMARCO, Cândido Rangel. *Instituições de direito processual civil*. v. III. São Paulo: Malheiros, 2001. p. 81.

Sempre acreditamos que, apesar de o ônus da prova ser uma regra de julgamento, a inversão do ônus não é. Ela consiste numa regra de procedimento, a qual irá instruir às partes quanto à "situação" das provas objeto da demanda, ou seja, se as provas relevantes ao julgamento da causa foram devidamente trazidas aos autos. Logo, o momento a ser dada a inversão é antes da instrução, pois é proporcionado à parte que passará a ter o encargo do ônus, o direito de produzir as provas. Desta forma, evita-se a preclusão e é oferecido a ambas as partes igualdade de oportunidades na produção probatória.

Nosso posicionamento sempre foi no sentido de acreditar que apenas era perfeitamente possível a inversão do ônus da prova no processo do trabalho em aplicação analógica ao CDC, como também em aplicação do art. 852-D da CLT, *in verbis*:

> "O juiz dirigirá o processo com liberdade para determinar as provas a serem produzidas, considerado o ônus probatório de cada litigante, podendo limitar ou excluir as que considerar excessivas, impertinentes ou protelatórias, bem como para apreciá-las e dar especial valor às regras de experiência comum ou técnica".

Muito embora essa regra seja específica do procedimento sumaríssimo, ela poderia ser aplicada a qualquer procedimento, pois este dispositivo traz mais um benefício que auxilia o magistrado na busca pela verdade dos fatos. Desta forma, não será o procedimento que impedirá o juiz de conduzir o processo na sua busca pela melhor e mais justa decisão.

A aplicação analógica deste dispositivo é aproveitável a qualquer procedimento do Processo do Trabalho, com apenas uma ressalva: poderá ser aplicado somente quando não houver provas suficientes nos autos capazes de formar o convencimento do juiz no que tange aos fatos alegados pelas partes, situação essa que justifica a inversão do ônus probatório.

Aproveitamos o momento para destacar o magistério de Tereza Aparecida Asta Gemignani e Daniel Gemignani, em artigo publicado na Revista do TST n. 78, jan./mar.-2012, p. 269-270, sob o tema "Meio Ambiente de Trabalho. Precaução e prevenção. Princípios Norteadores de um Novo Padrão Normativo":

> (...)
>
> A diretriz, até então adotada de forma majoritária, no sentido de que a inversão *ope judicis* ocorreria por ocasião do julgamento da causa pelo juiz (sentença) ou pelo Tribunal (acórdão), vem sendo cada vez mais questionada, pois o modo como distribuído o ônus da prova influi no comportamento processual das partes (aspecto subjetivo), que assim atuam na fase de instrução.

(...)

Quando *ope judicis*, ou seja, a inversão decorre da determinação do magistrado, a aplicação dos princípios da prevenção e da precaução nas questões afetas ao meio ambiente de trabalho respaldada a inversão do ônus e a sua imputação ao empregador, não só porque é ele quem tem a maior aptidão para produzir a prova, mas também porque a ele cabe a adoção e a efetiva implementação das condutas de prevenção e precaução.

(...)

Do escólio do Mestre Gianncarlo Camargo Manhabusco,

> "Assim, a aplicação da dinamização do ônus da prova deve ser anterior à prolação da sentença e, além disso, uma vez realizada, deve oportunizar à parte atingida pela aplicação da técnica, a oportunidade de se desincumbir do encargo, de forma que não haja qualquer surpresa quando da prolação da sentença." (*A teoria da distribuição dinâmica do ônus da prova como elemento de efetivação da igualdade processual*, Life, 2019, p. 64)

Vejamos as decisões, sem grifos no original:

RECURSO DE REVISTA. Danos morais e materiais decorrentes de acidente de trabalho. Competência da justiça do trabalho. A jurisprudência do Tribunal superior do trabalho é firme no sentido de que esta justiça especial detém competência para julgar pedido de indenização resultante de danos morais e materiais decorrentes de acidente do trabalho. Tal entendimento foi corroborado por pronunciamento do pleno do Excelso Supremo Tribunal Federal, proferido nos autos do Conflito de Competência n. 7.204, relator o exmo. ministro Carlos Ayres Britto. Definiu a suprema corte, na ocasião, a competência da justiça trabalhista a partir da Emenda Constitucional n. 45/2004, para julgamento das ações de indenização por danos morais e patrimoniais decorrentes de acidente de trabalho (informativo do STF n. 394). Recurso de Revista não conhecido. Diferenças salariais. Pagamento inferior ao devido. Inversão do ônus da prova. Princípio da aptidão para a prova. A alegação de pagamento de salário menor que o devido trata-se de fato constitutivo que, em regra, lança o encargo probatório sobre o empregado que postula diferenças salariais. Ocorre que, considerando as peculiaridades do caso concreto, é possível a inversão do ônus da prova com respaldo no princípio da aptidão para a prova, segundo o qual o dever de provar repousa sobre quem tiver a melhor, senão única, condição de produzi-la. Na hipótese vertente, afigura-se perfeitamente admissível atribuir à reclamada o ônus de demonstrar qual o cargo e a faixa salarial na qual estava enquadrado o autor, por se tratar de informações contidas em documentos, que se presume com razoável segurança, encontrarem-se sob a posse e guarda da empresa — Única responsável pela gestão pessoal e financeira dos empregados. Em não produzindo, a reclamada, a prova, presumem-se verdadeiras as alegações contidas na petição inicial. Incólumes os dispositivos de regulam a distribuição do ônus da prova. Recurso de Revista não conhecido. Adicional de periculosidade. Telecomunicações. Encontra-se pacificado neste Tribunal superior, na forma das Orientações Jurisprudenciais de ns. 324 e 347 da SBDI-I, entendimento no sentido de reconhecer aos empregados cabistas, instaladores e reparadores de linhas e aparelhos de empresas de telefonia, desde que, no exercício de suas funções, fiquem expostos a condições de risco equivalente ao do trabalho exercido em contato com sistema elétrico de potência, o direito ao adicional de periculosidade, nos moldes do Decreto n. 93.412/1986. Recurso de Revista não conhecido. (Tribunal Superior do Trabalho — TST; RR n. 1.690/2000-463-05-00.0; Primeira Turma; rel. min. Lelio Bentes Corrêa; DEJT 3.9.2010; p. 417.)

CERCEAMENTO DE DEFESA — INVERSÃO DO ÔNUS PROBATÓRIO — NÃO CARACTERIZAÇÃO — A inversão da oitiva das testemunhas é faculdade do juiz, não caracteriza o cerceamento do direito de defesa, inserindo-se no poder de direção do processo que detém o Julgador. SALÁRIOS — PROVA — AUSÊNCIA DE RECIBOS — Não havendo o empregador colacionado recibos de pagamentos dos salários na forma preconizada pelo art. 464 da CLT, a fixação do ganho mensal do empregado é de ser apurado dentro da realidade fática delineada pela prova dos autos. MULTA DO ART. 477, § 8º, DA CLT — CABIMENTO — Caracterizada a mora rescisória e não havendo razoável controvérsia sobre os valores rescisórios assiste ao trabalhador direito à multa preconizada pelo art. 477, § 8º, da CLT. MULTA DO ART. 467 DA CLT — Não se conhece na fase recursal de pedido não apreciado pela sentença. HONORÁRIOS ADVOCATÍCIOS — Não atendidos os pressupostos da Lei n. 5.584/1970, recepcionada pela Carta Constitucional/88 e não derrogada pela Lei n. 8.906/1994, conforme já decidiu o STF (ADIn n. 1.127-DF), é indevida a verba de honorários advocatícios. Súmulas ns. 219 e 329 do C. TST. (TRT 15ª R. — RO n. 1.375-2006-018-15-00-7 — (72769/08) — 1ª C. — rel. Luiz Antonio Lazarim — DOE 7.11.2008 — p. 77.)

RELAÇÃO DE EMPREGO — RECONHECIMENTO — INVERSÃO DO ÔNUS DA PROVA — Cumpre à parte autora provar a prestação de serviços, quando esta for negada pela parte reclamada. Entretanto, se a parte reclamada admitir a prestação de serviços, atrai para si o ônus da prova, competindo ao demandado o ônus de provar fato impeditivo do direito do autor, nos termos do art. 818 da CLT c/c art. 333, II do CPC. (TRT 16ª R. — Processo n. 2.046-2006-003-16-00-9 — rel. juíza Ilka Esdra Silva Araújo — J. 10.12.2008.)

RESPONSABILIDADE CIVIL — DANO MORAL E MATERIAL — INVERSÃO DO ÔNUS DA PROVA — MOMENTO ADEQUADO — PROTEÇÃO DO CONSUMIDOR — Iniludível que a Lei n. 8.078/1990 não estabeleceu o momento em que o magistrado deverá determinar a inversão do ônus da prova. Contudo, não é menos certo que não se pode surpreender uma das partes, estabelecendo-se dita inversão fora da fase de instrução processual, sob pena de ofensa ao princípio da ampla defesa. — A partir do momento em que são expostas mercadorias no interior do estabelecimento comercial, o fornecedor assume os riscos inerentes a sua atividade, devendo tomar as cautelas necessárias para assegurar a integridade física de seus clientes, como, por exemplo, prestar de informações claras e precisas a respeito dos produtos expostos em suas dependências. (TAMG — AP n. 413.359-1 — (92179) — Belo Horizonte — 6ª C. Cív. — rel. juiz Dárcio Lopardi Mendes — J. 11.12.2003). Grifamos.

Ponderando que a inversão deve ocorrer "antes do término da instrução processual, inadmitida a aplicação da regra só quando da sentença proferida" (STJ — 4ª T., REsp n. 881.651, Min. Quaglia Barbosa, j. 10.4.2007, DJU 21.5.2007).

"O momento mais adequado para a decisão sobre a inversão do ônus da prova é aquele posterior à contestação e no qual se prepara a fase instrutória, pois só depois de estabelecido o contraditório é que se faz possível delimitar os fatos controvertidos e a natureza de cada um, de modo a possibilitar uma justa distribuição do ônus da prova" (RT — 837/226).

"O momento processual adequado para tal decisão é aquele posterior à contestação até o despacho saneador, inclusive" (JTJ — 318/479; AI n. 1.097.980-0/5).

"Determinada a inversão do *onus probandi* após o momento processual de requerimentos das provas, deve o magistrado possibilitar que as partes voltem a requerê-las, agora conhecendo o seu ônus, para que possa melhor se conduzir no processo, sob pena de cerceamento de defesa" (STJ — 4ª T., REsp n. 1.095.663 — AgR, Min. João Otávio, j. 4.8.2009, DJ 17.8.2009).

8. TEORIA DA DISTRIBUIÇÃO DINÂMICA DO ÔNUS DA PROVA

Conforme debatido, quanto à distribuição do ônus da prova, a regra geral, na dicção do art. 373 do Código de Processo Civil de 2015 é de que incumbe ao autor a prova dos fatos constitutivos de seu direito e ao réu, a existência de fatos modificativos, extintivos e impeditivos do direito do autor.

Assim sendo, no direito processual civil, a distribuição do ônus da prova é realizada de acordo com a natureza do fato controverso (constitutivo, modificativo, extintivo, impeditivo) e com a posição da parte na lide (autora, ré), o que demonstra a imutabilidade das regras previstas neste dispositivo e a desconsideração da dificuldade encontrada pela parte na produção da prova do fato que alega.

A preocupação encontrada no CPC/2015, quanto à dificuldade de produção de prova pelas partes, está presente no § 1º do art. 373. Nele está disposto que *"Nos casos previstos em lei ou diante de peculiaridades da causa relacionadas à impossibilidade ou à excessiva dificuldade de cumprir o encargo nos termos do* caput *ou à maior facilidade de obtenção da prova do fato contrário, poderá o juiz atribuir o ônus da prova de modo diverso, desde que o faça por decisão fundamentada, caso em que deverá dar à parte a oportunidade de se desincumbir do ônus que lhe foi atribuído e, § 3º A distribuição diversa do ônus da prova também pode ocorrer por convenção das partes, salvo quando: I — recair sobre direito indisponível da parte; II — tornar excessivamente difícil a uma parte o exercício do direito"*.

A prova que causa excessiva dificuldade à parte para confeccionar a sua produção é denominada *probatio diabolica,* ou seja, se trata da excessiva dificuldade de uma das partes para produzir provas dos fatos que alega em seu favor.

A distribuição prevista no código processual civil é conhecida como *distribuição invariável ou estática do ônus da prova.* Defensores desta regra afirmam que com a sua adoção, preserva-se a segurança jurídica no Poder Judiciário.

No entanto, essa visão estática de distribuição do ônus da prova vem perdendo força por conta de sua rigidez, que pode trazer dificuldades à adequação do instituto da prova ao caso concreto. Um exemplo poderia ser visualizado quando, para uma das partes é extremamente difícil ou oneroso produzir prova sobre o direito material alegado, contudo, para a parte contrária, não existem impedimentos capazes de dificultar a produção das provas indispensáveis ao desfecho da causa *sub judice*. Assim, "A dificuldade da prova resulta em dificuldade de exercício do direito assegurado pela ordem jurídica"(85).

O Código de Processo Civil de 2015 traz previsão expressa de distribuição do ônus da prova a ser feita pelo magistrado, por ocasião do saneamento do processo, conforme regra geral ou excepcional de inversão do ônus, em situações de impossibilidade ou excessivamente difícil.

Conforme as palavras de Antonio Danilo de Azevedo(86):

> "(...) a doutrina contemporânea vem pugnando pela flexibilização destas regras de distribuição do ônus da prova no sentido de permitir ao juiz que, deparando-se com nítido desequilíbrio das condições probatórias entre as partes, motivadamente, decida por adequar a regra de distribuição do ônus da prova, determinando que este ônus recaia sobre a parte que dispuser das melhores condições de provar os fatos submetidos a julgamento."

Assim sendo, na intenção de promover uma maior efetividade e instrumentalidade do processo, há, atualmente, uma forte tendência no Direito Processual Civil, a qual objetiva que essas regras de distribuição do ônus da prova não sejam interpretadas de forma a limitar os poderes instrutórios do juiz.

Para isso, defendem a participação mais ativa do magistrado na condução do processo, ou seja, na instrução processual, de modo que sejam corrigidos quaisquer desequilíbrios referentes à produção de prova.

Cada caso deverá ser analisado de forma isolada, pois serão ponderadas as condições de cada parte quanto à produção probatória. Dessa maneira, o resultado será o proferimento de uma sentença mais justa e imparcial.

O Mestre em Processo Civil, Dr. Gianncarlo Camargo Manhabusco, sócio da banca MANHABUSCO ADVOGADOS ASSOCIADOS, em reflexão acerca do tema, consigna que:

---

(85) ALMEIDA, Cleber Lúcio de. *Direito processual do trabalho*. 2. ed. Belo Horizonte: Del Rey, 2008. p. 483.

(86) A teoria dinâmica de distribuição do ônus da prova no direito processual civil brasileiro. Antonio Danilo Moura de Azevedo. Disponível em: <http://www.uniube.br/publicacoes/unijus/arquivos/unijus_14.pdf>. Acesso em: 10 out. 2011.

"A Lei 13.105 de 16 de março de 2015, Novo Código de Processo Civil, trouxe consigo importantes inovações, dentre as quais, merecem destaque a previsão de um modelo colaborativo de processo, a previsão expressa do dever de boa-fé daqueles que participam do processo, uma maior flexibilização procedimental, um aumento dos poderes instrutórios do juiz e a consagração da possibilidade de aplicação da distribuição dinâmica do ônus da prova.

O modelo colaborativo de processo instaurado pelo Novo Código de Processo Civil pressupõe a formação de uma comunidade de trabalho formada por juiz e partes da relação jurídica processual com o objetivo comum da busca pelo ideal de uma decisão justa, efetiva, adequada e em um prazo razoável.

Isso revela o estado evolutivo do processo civil pátrio, de modo que, demonstra a opção pela visão publicista do processo, cuja finalidade é a pacificação social, mas, principalmente, prestar uma tutela adequada, efetiva e razoável para, ao final, prolatar uma decisão justa.

Além disso, as disposições do Novo Código de Processo Civil estão em consonância com o movimento do neoconstitucionalismo, na medida em que compatíveis com a ordem constitucional e, também, com o neoprocessualismo, tendo em vista o abandono ao formalismo exacerbado em prol da efetividade e da primazia do julgamento de mérito.

Nessa ótica, o aumento dos poderes instrutórios do juiz que, diga-se, ainda se encontra limitado pelas garantias processuais das partes, compatibiliza-se com o modelo colaborativo, de modo que ele poderá determinar a produção de uma prova indispensável à formação da decisão, garantindo, assim, a efetividade da tutela jurisdicional e a justiça do provimento.

Desse modo, diante da constitucionalização do processo civil, marcada pela necessidade de interpretação das normas do Código à luz das normas constitucionais, alguns princípios e normas foram erigidos ao status de Constitucional.

E, o direito à prova foi um deles, porquanto configura-se elemento indissociável do devido processo legal, que garante aos sujeitos a efetiva participação com o fim precípuo de influenciarem de forma cooperativa na descoberta da verdade e, sobretudo, na formação do convencimento do juízo.

Além disso, o direito à prova, também, está relacionado à garantia do acesso à justiça que, em sua vertente atual, não mais se satisfaz com a mera possibilidade de ingressar em juízo, buscando sempre um processo justo e efetivo, em que sejam respeitadas todas as garantias constitucionais e processuais das partes.

Então, é certo que o tema provas possui vital importância para o processo civil, pois, o acolhimento ou não de uma pretensão está diretamente ligado ao convencimento do juízo, que, diga-se, será formado diante da demonstração ou não dos fatos postos em juízo e que embasam a pretensão.

A novel legislação, revestida do propósito de colaboração processual e efetividade do processo, consagrou a teoria dinâmica do ônus da prova que, diferentemente da teoria estática, não distribui os ônus processuais simplesmente de acordo com a posição ocupada pela parte no processo, mas sim, diante das peculiaridades de cada caso, de acordo com a maior facilidade de produção da prova.

Observa-se que a evolução do processo civil pátrio demonstra que a busca da verdade deve estar acima das regras rígidas preestabelecidas, porque a inadequação do procedimento, com certeza, acarretaria em uma decisão injusta. Por isso, a adoção da teoria dinâmica da distribuição do ônus da prova ganhou local de destaque na promulgação do Novo Código de Processo Civil, de modo que sua aplicação poderá corrigir distorções e superar desigualdades diante da hipossuficiência de uma das partes. Também poderá fazê-lo pela utilização dos poderes instrutórios do juiz na investigação da verdade e na busca pela efetividade do provimento." (*A teoria da distribuição dinâmica do ônus da prova como elemento de efetivação da igualdade processual*, Life, 2019, p. 13-15)

Conforme devidamente destacado nos capítulos anteriores, a Lei n. 13.467/ 2017, modificou o art. 818 da CLT, trazendo não apenas a possibilidade da inversão do ônus da prova como o seu momento de aplicação (*Art. 818. O ônus da prova incumbe: I — ao reclamante, quanto ao fato constitutivo de seu direito; II — ao reclamado, quanto à existência de fato impeditivo, modificativo ou extintivo do direito do reclamante. § 1º Nos casos previstos em lei ou diante de peculiaridades da causa relacionadas à impossibilidade ou à excessiva dificuldade de cumprir o encargo nos termos deste artigo ou à maior facilidade de obtenção da prova do fato contrário, poderá o juízo atribuir o ônus da prova de modo diverso, desde que o faça por decisão fundamentada, caso em que deverá dar à parte a oportunidade de se desincumbir do ônus que lhe foi atribuído. § 2º A decisão referida no § 1º deste artigo deverá ser proferida antes da abertura da instrução e, a requerimento da parte, implicará o adiamento da audiência e possibilitará provar os fatos por qualquer meio em direito admitido. § 3º A decisão referida no § 1º deste artigo não pode gerar situação em que a desincumbência do encargo pela parte seja impossível ou excessivamente difícil.*).

Portanto, a CLT abraçou a teoria da distribuição dinâmica do ônus da prova, sofrendo influência, portanto, do Código de Defesa do Consumidor e do Código de Processo Civil.

8.1. PODERES INSTRUTÓRIOS DO JUIZ

Quando finalizada a instrução probatória, o juiz formará seu convencimento de acordo com as provas trazidas no bojo do processo. Entretanto, se no momento de proferir a decisão, o magistrado constatar que o arsenal probatório não foi suficiente para sanar todas as dúvidas quanto aos fatos alegados, a ele restarão duas opções.

A doutrina tradicional, com base nos princípios do dispositivo (o juiz está adstrito ao alegado e provado pelas partes), da inércia e da imparcialidade do juiz, entende que o papel do magistrado é apenas regular o desenvolvimento do processo até o momento em que haja condições de julgá-lo.

Sua iniciativa consistiria apenas na complementação, em momento posterior à produção de provas dos fatos afirmados por cada uma das partes. Caso não esteja convencido e existam dúvidas a respeito da veracidade dos fatos após a apresentação das provas pelas partes, ele poderia se movimentar no intuito de encontrar uma solução para o litígio.

Na outra vertente, com base na Democracia Social, o Processo Civil conferirá uma intensificação na participação ativa do juiz, especialmente na fase instrutória, com a intenção de assegurar a efetividade à tutela jurisdicional.

Doutrinadores que se posicionam nesse sentido, Luiz Guilherme Marinoni e Sérgio Cruz Arenhart(87), certificam que desta forma será possível:

> "i) a justa aplicação das normas de direito material; ii) a adequada verificação dos fatos e a participação das partes em um contraditório real e iii) a efetividade da tutela de direitos, pois a neutralidade é mito, e a inércia do juiz, ou abandono do processo à sorte que as partes lhe derem, não é compatível com os valores do Estado atual."

O ônus da prova ainda é um encargo das partes; elas devem provar os fatos que alegarem. Entretanto, como ao magistrado também interessa a produção da prova para formar seu convencimento, ele poderá determinar a prova de ofício, assim como agir em igualdade de condições com as partes, logicamente, de modo a serem respeitados os princípios constitucionais da ampla defesa, do contraditório, do devido processo legal e da obrigatoriedade de motivação.

Tudo isso para que seja evitada situação de falta de prova ou falhas na sua produção, com o intuito primordial de auxiliar o magistrado no convencimento sobre o mérito da causa. Importante ressaltar que essa participação do juiz não inibe, de forma alguma, a participação das partes na formação da prova ou desconsidera o resultado decorrente de sua formação. E, muito menos, fere o princípio da imparcialidade do juiz.

O juiz e as partes agem juntamente com um único objetivo: o de buscar a solução mais justa no deslinde da causa, de modo a conceder o direito a quem realmente é titular dele. Irrefutável é o entendimento de Teresa Arruda Alvim Wambier(88) no que tange a participação do juiz:

---

(87) MARINONI, Luis Guilherme; ARENHART, Sérgio Cruz. *Comentários ao Código de Processo Civil*. Vol. V. T. I. São Paulo: Revista dos Tribunais, 2000. p. 192.

(88) WAMBIER, Teresa Arruda Alvim. O ônus da prova. *Revista Jurídica Consulex*. Brasília, n. 200, maio 2005. p. 40.

> "O juiz, nesse contexto, seria parcial se assistisse inerte, como espectador de um duelo, ao massacre de uma das partes, ou seja, se deixasse de interferir para tornar iguais as partes que são desiguais. A interferência do juiz na fase probatória, vista sob este ângulo, não o torna parcial. Ao contrário, pois tem ele a função de impedir que uma das partes se torne vencedora na ação, não por causa do direito que assevera ter, mas porque, por exemplo, é economicamente mais favorecida que a outra. A circunstância de uma delas ser hipossuficiente pode fazer com que não consiga demonstrar e provar o direito que efetivamente tem. O processo foi concebido para declarar *lato sensu* o direito da parte que a ela faz jus e não para dela retirá-lo, dando-o a quem não o possua. Em função desse parâmetro, pois, devem ser concedidas todas as regras do processo, inclusive e principalmente as que dizem respeito ao ônus da prova".

Outrossim, o Código de Processo Civil de 2015, no art. 370, dispõe que:

"Caberá ao juiz, de ofício ou a requerimento da parte, determinar as provas necessárias ao julgamento do mérito".

E, ainda, a própria Consolidação das Leis do Trabalho, em seu art. 765, dispõe:

> *"Os juízos e Tribunais do Trabalho terão ampla liberdade na direção do processo e velarão pelo andamento rápido das causas, podendo determinar qualquer diligência necessária ao esclarecimento delas".*

Diante desses dispositivos, percebemos que muito embora, com base no princípio dispositivo, ao juiz não cabe iniciar uma ação ou mudar o objeto dela, ele pode conduzir de forma ativa a instrução probatória.

Às partes, devem ser proporcionados as mesmas oportunidades e os mesmos instrumentos processuais, os quais serão capazes de auxiliar na comprovação do direito inquirido.

Conceder maior participação ao juiz na instrução do processo é fazer com que haja um equilíbrio entre as partes no processo, ou seja, ambas deterão de mesmos meios para provar suas alegações.

Sendo assim, o juiz chegará ao verdadeiro titular do direito e proferirá uma sentença justa, cumprindo assim, o verdadeiro papel do Poder Judiciário.

Do cabedal jurídico do Mestre Gianncarlo Camargo Manhabuco destacamos:

> "A efetividade da tutela jurisdicional passa, necessariamente, pela superação do formalismo exacerbado no desenvolvimento da cadeia processual, mas, sobretudo, pelo respeito às garantias dos cidadãos objetivando, ao final, a plena satisfação do direito material". (*A teoria da distribuição*

dinâmica do ônus da prova como elemento de efetivação da igualdade processual, Life, 2019, p. 79)

8.2. APLICAÇÃO DAS REGRAS DE DISTRIBUIÇÃO DO ÔNUS DA PROVA

Como a função do Judiciário é promover a solução mais justa das demandas, as regras acerca do ônus da prova devem ser dirigidas às partes, uma vez que o papel do instituto é justamente o de propiciar igualdade de tratamento, de oportunidades a elas, então, quando o juiz aplica as regras de inversão conforme as condições das partes de produzirem provas no início da instrução, ele proporciona a outra contra qual o ônus foi incumbido o direito de produzir prova para que não sofra as consequências da ausência de prova de determinado fato.

O CPC/2015 apenas ratificou aquilo que já deveria ter constado no Diploma Processual Civil.

Aliás, em uma pequena visita a Parte Geral (introdução) do Novo Código de Processo Civil, pode-se verificar alguns dispositivos que consagram o respeito ao contraditório, aos fins sociais e a própria dignidade da pessoa humana.

Confira-se:

> Art. 8º Ao aplicar o ordenamento jurídico, o juiz atenderá aos fins sociais e às exigências do bem comum, resguardando e promovendo a dignidade da pessoa humana e observando a proporcionalidade, a razoabilidade, a legalidade, a publicidade e a eficiência.
>
> Art. 9º Não se proferirá decisão contra uma das partes sem que ela seja previamente ouvida.
>
> (...)
>
> Art. 10. O juiz não pode decidir, em grau algum de jurisdição, com base em fundamento a respeito do qual não se tenha dado às partes oportunidade de se manifestar, ainda que se trate de matéria sobre a qual deva decidir de ofício.

E a Consolidação das Leis do Trabalho veio em seguida trazendo a modificação positiva ao Processo do Trabalho.

Segundo a doutrina do Mestre Gianncarlo Camargo Manhabusco:

> "Assim, a utilização dos poderes instrutórios relativamente à aplicação da teoria dinâmica do ônus da prova tem o escopo de promover o equilíbrio entre as partes, diga-se igualdade, sendo que existem decisões nesse sentido. Ainda que não haja inúmeras decisões sobre o tema, a existência de decisões nesse sentido demonstra, sobretudo, o acerto do legislador que optou pela consagração expressa do instituto o qual está umbilicalmente ligado ao modelo colaborativo de processo, também inaugurado com o novo

código." (*A teoria da distribuição dinâmica do ônus da prova como elemento de efetivação da igualdade processual*, Life, 2019, p. 96)

Veja-se os seguintes arestos:

AGRAVO DE INSTRUMENTO. NEGÓCIOS JURÍDICOS BANCÁRIOS. EMBARGOS À AÇÃO MONITÓRIA. DETERMINAÇÃO DE JUNTADA DE BORDERÔS DE COBRANÇA QUE ORIGINARAM A DÍVIDA. MANUTENÇÃO DA DECISÃO. Sem prejuízo da aplicação da regra constante no artigo 373, NCPC — Distribuição estática ou apriorística, que a teoria processual moderna adota a denominada distribuição dinâmica do ônus da prova, com o intuito de ver materializado o direito fundamental à tutela efetiva, ao devido processo legal e à isonomia substancial, através da qual cabe ao magistrado, no caso concreto, a atribuição deste encargo à parte que possui melhor condição de suportá-lo, sempre em busca da verdade aproximativa dever de todos os personagens da relação processual instaurada. Cabe ao magistrado, na condição de destinatário da prova, determinar a juntada dos documentos necessários ao julgamento da demanda. Agravo de instrumento desprovido. (TJ-RS; AI 0395090-59.2017.8.21.7000; Erechim; Décima Quinta Câmara Cível; Relª Desª Ana Beatriz Iser; Julg. 28.03.2018; DJERS 09.04.2018)

APELAÇÃO CÍVEL. LOCAÇÃO. AÇÃO DE COBRANÇA. RELAÇÃO LOCATÍCIA DEMONSTRADA. AUSÊNCIA DE PROVA DA TRANSFERÊNCIA DA LOCAÇÃO PARA TERCEIRO. Sem prejuízo da aplicação da regra constante no artigo 333, do CPC/73 (artigo 373, NCPC) — Distribuição estática ou apriorística, que a teoria processual moderna adota a denominada distribuição dinâmica do ônus da prova, com o intuito de ver materializado o direito fundamental à tutela efetiva, ao devido processo legal e à isonomia substancial, através da qual cabe ao magistrado, no caso concreto, a atribuição deste encargo à parte que possui melhor condição de suportá-lo, sempre em busca da verdade aproximativa dever de todos os personagens da relação processual instaurada. [...] (TJ-RS; AC 0377589-92.2017.8.21.7000; Porto Alegre; Décima Quinta Câmara Cível; Relª Desª Ana Beatriz Iser; Julg. 28.03.2018; DJERS 05.04.2018)

8.3. TEORIA DA DISTRIBUIÇÃO DINÂMICA DO ÔNUS DA PROVA

A denominada Teoria Dinâmica do Ônus da Prova tem como precursor o jurista argentino Jorge W. Peyrano.

A ideia central desta teoria é a aptidão para a produção da prova, ou seja, deve suportar o encargo probatório quem tiver melhores condições de produzi-la, à luz das circunstâncias do caso concreto.

Com isso, se em determinado caso for constatado a excessiva dificuldade de uma parte em produzir prova do fato que afirma a seu favor, a denominada *probatio diabolica,* o ônus da prova, então, será atribuído à parte que detém melhor condição de produzi-la.

Consoante essa teoria:

> "a carga da prova recai sobre ambas as partes, em especial sobre aquela que se encontra em melhores condições para produzi-la (...) esta teoria não desconhece as regras clássicas de carga da prova, sim que trata de complementá-la ou aperfeiçoá-la, flexibilizando sua aplicação em todas aquelas situações em que deveria provar segundo a regra tradicional, se veria impossibilitado de fazê-lo por motivos completamente alheios à sua vontade(89)."

Sendo assim, ocorre uma flexibilização ou relativização do ônus da prova.

Segundo a Teoria Dinâmica de Distribuição do Ônus da Prova, as regras de distribuição do *onus probandi* tornam-se mais dinâmicas e flexíveis, adaptando-se a cada caso específico.

Denota-se que é irrelevante a posição da parte no processo, se autora ou ré, e a natureza dos fatos, se constitutivos, modificativos, impeditivos ou extintivos. Relevante mesmo é a valoração que o juiz faz, em cada caso concreto, das condições que cada parte possui para produzir a prova.

A parte que detiver melhores condições sejam técnicas ou econômicas, de suportar o ônus da prova arcará com o encargo de produzi-la. Provará os fatos, mesmo que tenham sido alegados pela parte oponente.

Conforme estabelece a teoria dinâmica, o juiz é dotado de maior discricionariedade na avaliação da distribuição das regras do ônus da prova, pois assim, consegue promover maior entrosamento e cooperação das partes com o órgão jurisdicional.

A atuação do jurisdicionado é emoldurada conforme os princípios processuais do trabalho, já devidamente estudados.

Ensina Antonio Danilo Moura de Azevedo(90) que:

> "O juiz poderá modificar a regra geral para ajustá-la ao caso concreto reduzindo, na maior medida possível, as desigualdades das partes e, com isso, tentar evitar a derrota da parte que possivelmente tem o melhor direito, mas que não está em melhores condições de prová-lo".

(89) WHITE, Inês Lépori. *Cargas probatórias dinâmicas*. In: Peryano, Jorge W. (Coord). *Cargas probatórias dinâmicas*, p. 60.

(90) A TEORIA DINÂMICA DE DISTRIBUIÇÃO DO ÔNUS DA PROVA NO DIREITO PROCESSUAL CIVIL BRASILEIRO. Antonio Danilo Moura de Azevedo. Disponível em: <http://www.uniube.br/publicacoes/unijus/arquivos/unijus_14.pdf>. Acesso em: 10 out. 2011.

Seus fundamentos constitutivos são:

1) o encargo probatório não deve ser distribuído de modo prévio e abstrato;
2) não se considera a posição da parte na demanda, se autora ou ré; e
3) desconsidera a distinção do fato alegado; e analisa cada caso especificamente imputando o ônus da prova à parte que detém de melhores condições de fazê-lo.

É proeminente para a sua aplicação que sejam respeitados alguns fundamentos, tais como, o princípio da igualdade das partes, aqui fala-se na igualdade substancial, que consiste em tratar os iguais de forma igual e os desiguais de forma desigual, assim a desigualdade de forças existentes entre as partes será compensada com a desigualdade dos encargos probatórios; a obrigação das partes de agirem em juízo com o objetivo de buscar a verdade e, por fim, o objetivo maior de todo o processo: a aplicação da justiça, de modo que seja concedida a sentença favorável a quem de fato tem o direito.

Assim sendo, é evidente a importância da aplicação da Teoria Dinâmica de Distribuição do Ônus da Prova, sendo, portanto, extremamente necessária a sua utilização no sistema jurídico nacional.

8.4. RECEPCIONALIDADE DA TEORIA DAS CARGAS PROCESSUAIS DINÂMICAS NO DIREITO BRASILEIRO

A distribuição dinâmica do ônus da prova encontra suporte no art. 139, I, do CPC/2015, que estabelece que:

> O juiz dirigirá o processo conforme as disposições deste Código, competindo-lhe:
>
> I — assegurar às partes igualdade de tratamento;
>
> (...).

Podemos inferir desse dispositivo que as partes devem receber o encargo probatório na medida de suas forças, logicamente devendo, também, cumprir o dever de veracidade imposto a elas, conforme dispõe o art. 77 do mesmo Código.

Outrossim, com a nova redação dada ao art. 818 da CLT, que adotou a distribuição dinâmica do ônus da prova, o Processo do Trabalho passou a dispor sobre a dificuldade/facilidade das partes na produção das provas.

O limite que a Teoria Dinâmica de Distribuição do Ônus da Prova poderia sofrer está presente no parágrafo único, do art. 373, do CPC/2015, que institui que não pode o juiz, visando o equilíbrio de forças entre os adversários, impor a um deles um ônus da prova que exceda as suas forças. A situação é lógica, uma vez que, não é esse o papel da teoria.

Quanto à CLT, adotou-se o mesmo entendimento, veja-se os parágrafos 1º e 3º do art. 818:

> § 1º Nos casos previstos em lei ou diante de peculiaridades da causa relacionadas à impossibilidade ou à excessiva dificuldade de cumprir o encargo nos termos deste artigo ou à maior facilidade de obtenção da prova do fato contrário, poderá o juízo atribuir o ônus da prova de modo diverso, desde que o faça por decisão fundamentada, caso em que deverá dar à parte a oportunidade de se desincumbir do ônus que lhe foi atribuído.
>
> § 3º A decisão referida no § 1º deste artigo não pode gerar situação em que a desincumbência do encargo pela parte seja impossível ou excessivamente difícil.

O juiz observará o princípio da razoabilidade e fará uma ponderação racional em cada caso, para que não sejam violadas normas constitucionais e processuais. Se a outra parte não for capaz de cumprir o encargo probatório ou se a distribuição implicar certa pena, não tem por justificada a alteração das regras previstas nos art. 373, do CPC/2015 e 818, da CLT e a aplicação da teoria.

O Mestre Gianncarlo Camargo Manhabusco ressalta que:

> "Portanto, diante desse verdadeiro giro epistemológico realizado pela entrada em vigor do Novo Código de Processo Civil, necessário que o acesso à justiça também sofra as adequações necessárias, isso para que o processo seja, efetivamente, um local onde as partes participem democraticamente e possam dispor da obtenção da tutela jurisdicional e seja ela revestida de utilidade, efetividade e, principalmente, justiça. (*A teoria da distribuição dinâmica do ônus da prova como elemento de efetivação da igualdade processual*, Life, 2019, p. 83)

Outro fato importante sobre essa distribuição é no sentido de que, se o juiz determinar o ônus da prova a parte, é a essa parte incumbida do encargo quem responderá pelas regras do não cumprimento do ônus probatório, caso não produza as provas ou as produza de maneira insatisfatória.

De acordo com a pesquisa, o que ela propõe é justamente auxiliar a instrução probatória, dando maiores poderes ao juiz, com o intuito de oferecer mesmas chances às partes na produção das provas dos fatos que alegam.

A distribuição promovida pelo juiz é sempre fundamentada e racional, segundo a posição que os litigantes ocupam na relação do direito material que envolve o caso concreto.

Pode ser deduzido também que a inversão prevista no Código de Defesa do Consumidor seria um exemplo de aplicação dessa teoria.

No entanto, mesmo que no disposto no art. 6º esteja presente certa flexibilização e fosse aplicada subsidiariamente em algumas situações no processo do trabalho, ainda sim, é considerada uma regra estática de distribuição do *onus probandi*, visto que afirma que a inversão é possível em apenas duas situações: quando for verossímil a alegação ou quando for o empregado hipossuficiente.

Como são hipóteses que a própria lei dispôs, poderíamos concluir que este ônus já está invertido/definido por ela, não restando nenhuma discricionariedade ao juiz, que apenas visualizando as situações específicas no caso concreto, somente aplica o que está disposto.

Sendo assim, é especificamente neste "ponto" que a teoria atua. Ela irá conferir ao juiz uma maior discricionariedade na sua atuação. Permitirá a flexibilização das regras do ônus probatório de acordo com o seu convencimento. Analisará a situação particular de cada parte em relação às provas. Atuará em cada processo respeitando a individualidade da situação.

Nesse sentido, o Ante-Projeto do Código Brasileiro de Processos Coletivos adotou o critério dinâmico de distribuição do ônus da prova, conforme dita seu art. 10, § 1º:

> Art. 10. Provas — São inadmissíveis em juízo todos os meios de prova, desde que obtidos por meios ilícitos, incluindo a prova estática ou por amostragem.
>
> § 1º Sem prejuízo do disposto no art. 333 do Código de Processo Civil, o ônus da prova incumbe à parte que detiver conhecimentos técnicos ou informações específicas sobre os fatos, ou maior facilidade em sua demonstração.

A referida inovação certamente é de extrema importância e relevância ao nosso ordenamento jurídico.

No processo do trabalho, antes da inovação do art. 818 da CLT, podíamos constatar que disposição similar à Teoria Dinâmica de Distribuição do Ônus da Prova era utilizada: a aplicação do *princípio da aptidão para a prova ou da adequação*, que significa que deve provar a parte que possuir maior aptidão para produzi-la, independentemente de ser reclamante ou reclamado.

O princípio da aptidão para a prova ao ser direcionado à inversão do ônus probatório atende ao escopo de eliminar possíveis conflitos utilizando-se de critérios justos. Leva-se em consideração a valoração da prova produzida.

Francesco Carnelutti(91) tratando perfeitamente acerca da matéria sustenta que:

> "levando em conta o escopo do processo, é claro que o critério deve ser escolhido não já somente com referência à sua idoneidade para distinguir

(91) CARNELLUTTI, Francesco. *Lezioni di dirritto processuale civile*. Vol. II, *apud* MORAES FILHO, Evaristo de. *A justa causa na rescisão do contrato de trabalho*. Rio de Janeiro: Forense, 1968. p. 277-278.

> as partes segundo o fato, mas ainda com respeito à conveniência de atribuir a prova à parte que esteja mais provavelmente em situação de dá-la, e assim com base numa regra de experiência, a qual estabelece qual das duas partes estejam em condições melhores para fornecer a prova de um fato. Unicamente assim o ônus da prova constitui um instrumento para alcançar o escopo do processo, que é, não a simples composição, mas a justa composição da lide: por isso recai sobre a parte que pode levar mais útil a contribuição à convicção do juiz; e por isso, onde esta convicção deve formar-se na falta da prova, isto é, onde o juiz deva abandonar uma afirmação só porque a parte não a provou, oferece a probabilidade máxima de coincidência desta convicção com a verdade."

A aplicação à que se refere este princípio é nas situações em que o empregado não consegue fazer a prova a não ser por meio de documento ou coisa que a parte oposta detém. Ou seja, trata especificamente nas situações que exigem exibição de documentos ou coisas.

Logo, "Partindo do princípio da boa-fé, que informa a conduta processual dos litigantes, todas as vezes que o documento, por seu conteúdo, for comum às partes, haverá também a inversão do ônus da prova, competindo ao empregador colacioná-lo, sob pena de serem admitidas como verdadeiras as alegações feitas pelo empregado"(92).

Fundamento que norteia este princípio é a justiça acessível a todas as partes e de forma igualitária, ou seja, compete a cada parte fazer o que normalmente lhe resultar mais fácil. O critério, então, será o de facilidade às fontes de prova.

Podemos, então, concluir que a essência da teoria dinâmica já era largamente utilizada em nosso ordenamento jurídico.

Excelentes as palavras conclusivas de Antonio Danilo M. de Azevedo(93):

> "Ao magistrado é permitido fazer um juízo de ponderação e, mediante decisão devidamente motivada, respeitando todas as garantias constitucionais asseguradas às partes, modificar a regra de distribuição do ônus da prova fazendo incidir sobre a parte que tem o controle dos meios de prova e, por isso mesmo, se encontra em melhores condições de produzi-la a contento, ou seja, apta a trazer aos autos a prova capital que a verdade dos fatos controvertidos. É logicamente insustentável que se há uma parte em melhores

---

(92) PAULA, Carlos Alberto Reis de. *A especificidade do ônus da prova no processo do trabalho*. 2. ed. São Paulo: LTr, 2010. p. 123.

(93) A TEORIA DINÂMICA DE DISTRIBUIÇÃO DO ÔNUS DA PROVA NO DIREITO PROCESSUAL CIVIL BRASILEIRO. Antonio Danilo Moura de Azevedo. Disponível em: <http://www.uniube.br/publicacoes/unijus/arquivos/unijus_14.pdf>. Acesso em: 10 out. 2011.

condições de produzir a prova, deixe de fazê-la unicamente pelo apego a formalismos exacerbados, e por que não dizer desarrazoados. O processo moderno não mais coaduna com esse tipo de ideias, pois seu escopo maior é garantir o direito a quem realmente o titule".

Um regramento rígido não condiz com os preceitos da atual sistemática do processo do trabalho. Utilizar-se de meios que aprimorem a aplicação do direito e solucionem as lides da forma mais justa e correta é o papel do Estado-Juiz.

A dicção do art. 936 do Código Civil Brasileiro assevera que:

> Art. 936. O dono, ou detentor, do animal ressarcirá o dano por este causado, se não provar culpa da vítima ou força maior.

Outro exemplo que também podemos citar é o entendimento elencado no art. 190 do CPC/2015, que estabelece que as partes podem convencionar sobre o ônus da prova durante o processo. Hipótese de grande estima, visto que o dispositivo trouxe uma possibilidade de os mais interessados no resultado da demanda deixarem de ser coadjuvantes da vontade do magistrado para participarem mais ativamente na colaboração com a efetividade e economia processuais. Vejamos o que ele nos diz:

> Art. 190. Versando o processo sobre direitos que admitam autocomposição, é lícito às partes plenamente capazes estipular mudanças no procedimento para ajustá-lo às especificidades da causa e convencionar sobre os seus ônus, poderes, faculdades e deveres processuais, antes ou durante o processo.

Constatamos que a teoria objeto da presente pesquisa, com base na doutrina moderna, estava sendo recepcionada pelos Tribunais de nosso país.

Possivelmente foi mais um fator que contribuiu para a modificação do art. 818 da CLT.

Imperioso, pois, colacionar as jurisprudências que direcionam para esse caminho (sem grifos nos originais):

> RECURSO DE REVISTA INTERPOSTO PELA RECLAMADA GUSSIL — INDÚSTRIA, COMÉRCIO E PRESTAÇÃO DE SERVIÇOS LTDA. ANTERIORMENTE À VIGÊNCIA DA LEI N. 13.015/2014. HORAS "*IN ITINERE*". EXISTÊNCIA DE TRANSPORTE PÚBLICO REGULAR. ÔNUS DA PROVA. É firme a jurisprudência desta Corte Superior no sentido de que, comprovado o fornecimento de condução pelo empregador para o deslocamento do empregado até o local de trabalho, incumbe à empresa o ônus de comprovar a existência de transporte público regular em horários compatíveis com o início e o término da jornada de trabalho do reclamante, por constituir fato impeditivo do direito ao pagamento das horas "*in itinere*". Recurso de revista de que não se conhece, no particular" (ARR-511-15.2011.5.04.0571, 1ª Turma, Relator Ministro Walmir Oliveira da Costa, DEJT 26.04.2019).

"I — AGRAVO DE INSTRUMENTO DA RECLAMADA. LEI N. 13.015/2014. HORAS *IN ITINERE*. ÔNUS DA PROVA. 1. Incontroverso o fornecimento de condução pelo empregador, incumbe-lhe demonstrar que o local de trabalho é de fácil acesso e/ou servido por transporte público regular em horário compatível com o início e o término da jornada de trabalho, por se tratarem de fatos impeditivos do direito do empregado de receber as horas de percurso. Portanto, correta a distribuição do ônus probatório realizada pelo Tribunal Regional, não se verifica violação dos artigos 818 da CLT e 373, I, do NCPC. 2. À luz do quadro fático constante da decisão recorrida, insuscetível de reexame nos termos da Súmula 126/TST, restaram configurados os requisitos do artigo 58, § 2º, da CLT e da Súmula 90/TST, sendo devidas as horas *in itinere*. Agravo de instrumento a que se nega provimento" (ARR-10733-11.2016.5.15.0070, 2ª Turma, Relatora Ministra Maria Helena Mallmann, DEJT 26.02.2021).

"AGRAVO. AGRAVO DE INSTRUMENTO. RECURSO DE REVISTA. PROCESSO SOB A ÉGIDE DA LEI 13.015/2014 E ANTERIOR À LEI 13.467/2017. 1. HORAS *IN ITINERE*. CONDUÇÃO FORNECIDA PELO EMPREGADOR. INCOMPATIBILIDADE ENTRE O HORÁRIO DE TÉRMINO DA JORNADA E O DO TRANSPORTE PÚBLICO REGULAR. SÚMULA 90, II/TST. ÔNUS DA PROVA. MATÉRIA FÁTICA. SÚMULA 126/TST. 2. PRÊMIO-ASSIDUIDADE. NATUREZA JURÍDICA. APELO LASTREADO APENAS EM DIVERGÊNCIA JURISPRUDENCIAL SEM REFERÊNCIA DA FONTE DE PUBLICAÇÃO OFICIAL. SÚMULA 337 DO TST. 3. INTERVALO DO ART. 384 DA CLT. PROTEÇÃO ESPECIAL, MEDIANTE LEI, AO MERCADO DE TRABALHO DA MULHER (ART. 7º, XX, CF), SEM CONFIGURAR AFRONTA À ISONOMIA (ART. 5º, "CAPUT" E I, DA CF). Nos termos da Súmula 90, II, do TST, "A incompatibilidade entre os horários de início e término da jornada do empregado e os do transporte público regular é circunstância que também gera o direito às horas '*in itinere*'". No caso concreto, o Tribunal Regional considerou ser fato incontroverso o fornecimento de transporte, pela Reclamada, para os seus empregados, bem como que a empresa não se desincumbiu do ônus de comprovar o fato impeditivo ao direito vindicado — a saber, a existência de transporte público em horário compatível com o término da jornada da Autora — premissas fáticas incontestes à luz da Súmula 126/TST. Ademais, prevalece nesta Corte Superior o entendimento de que o fornecimento de condução pelo empregador gera a presunção de que o local de trabalho é de difícil acesso e não servido por transporte público regular. Cabe esclarecer, por fim, que a Instância Ordinária, nos presentes autos, não analisou o recurso sob o enfoque da existência de norma coletiva que dispusesse sobre a matéria, afastando-se o caso, pois, da hipótese tratada no RE n. 895.759, que foi objeto, em setembro de 2016, de decisão monocrática do Ministro Teori Zavascki, do STF. Assim sendo, a decisão agravada foi proferida em estrita observância às normas processuais (art. 557, *caput*, do CPC/1973; arts. 14 e 932, IV, "a", do CPC/2015), razão pela qual é insuscetível de reforma ou reconsideração. Agravo desprovido" (Ag-AIRR-21286-57.2016.5.04.0771, 3ª Turma, Relator Ministro Mauricio Godinho Delgado, DEJT 07/05/2021).

"HORAS *IN ITINERE*. ÔNUS DA PROVA. OFENSA AO ARTIGO 818 DA CLT. CONFIGURAÇÃO. PARCIAL PROVIMENTO. Fornecido pela empresa o transporte até o local de trabalho, o ônus de provar a facilidade de acesso ou a existência de transporte público regular incumbe ao empregador, porquanto constitui fato impeditivo do direito às horas *in itinere*. Há precedentes de Turmas e da SBDI-1. Na hipótese, o egrégio Tribunal Regional consignou que o reclamante não se desincumbiu de seu ônus probatório, porque não comprovou que o transporte fornecido pela empresa era para local de difícil acesso, e nem demonstrou a incompatibilidade de horários com o transporte público regular. Ao assim decidir, houve contrariedade às regras de distribuição do ônus da prova, em ofensa ao artigo 818, da CLT. Reforma-se o acórdão regional, portanto, para condenar a reclamada ao pagamento das horas *in itinere* e reflexos, conforme se apurar em liquidação de sentença, limitado referido pagamento à data de 10.11.2017, ou seja, data anterior à vigência da Lei n. 13.467/2017, que suprimiu o direito às horas *in itinere*. Recurso de revista de que se conhece e a que se dá parcial provimento" (RR-10942-72.2018.5.15.0049, 4ª Turma, Relator Ministro Guilherme Augusto Caputo Bastos, DEJT 21.05.2021).

"AGRAVO. AGRAVO DE INSTRUMENTO EM RECURSO DE REVISTA. ACÓRDÃO PUBLICADO NA VIGÊNCIA DA LEI N. 13.015/2014. (...) HORAS *IN ITINERE*. O Tribunal Regional, diante das alegações das partes, corretamente distribuiu o ônus da prova, haja vista que o reclamado alegou fato extintivo do direito da reclamante, qual seja, a existência de transporte público regular, porém, não se desincumbiu do encargo de provar essa alegação, conforme estabelece o art. 333, II, do CPC/73 (art. 373, II, do CPC/2015). A indicação de ofensa ao art. 5º, II, da CR/88, apenas ocorreria de forma reflexa ou indireta, na medida em que seria necessária a verificação de ofensa à legislação infraconstitucional, nos termos da Súmula 636 do STF, somente autorizando o conhecimento do recurso de revista em situações excepcionalíssimas, o que não é a hipótese dos autos. Agravo não provido (Ag-AIRR-10672-13.2015.5.18.0003, 5ª Turma, Relator Ministro Breno Medeiros, DEJT 26.02.2021).

Agora veja-se que o art. 818 da CLT também trouxe o momento que o juiz deve promover a inversão do ônus da prova.

§ 2º A decisão referida no § 1º deste artigo deverá ser proferida antes da abertura da instrução e, a requerimento da parte, implicará o adiamento da audiência e possibilitará provar os fatos por qualquer meio em direito admitido.

Logo, o Processo do Trabalho adotou a regra de atividade para a inversão do ônus da prova. Ou seja, apesar de o caput do art. 818 da CLT estabelecer o ônus da prova (estático), o que cabe a qual parte provar, a inversão do ônus da prova trata de regra de procedimento, isso porque, a parte que sofrer o encargo poderá ter a oportunidade — e o direito, de produzir as provas que considerar pertinentes. Não há decisão surpresa. Não há ofensa ao direito de defesa.

Destaca-se que se admitiu, inclusive, o adiamento da audiência a requerimento da parte que arcar com o ônus da prova do fato. Na prática, pouco provável que isso ocorra, mas a possibilidade veio na inovação do artigo, portanto, fortalecendo o contraditório, a ampla defesa e a igualdade de oportunidades na produção da prova.

8.5. *APLICAÇÃO NO SUPERIOR TRIBUNAL DE JUSTIÇA*

Como bem garantido, o Processo Civil influenciou o Processo do Trabalho quanto à inversão do ônus da prova.

Sendo assim, compila-se duas matérias acerca da distribuição do ônus da prova no âmbito do Superior Tribunal de Justiça.

Segundo o site do STJ, com base na teoria da distribuição dinâmica do ônus da prova, a Terceira Turma do Superior Tribunal de Justiça (STJ) manteve acórdão do Tribunal de Justiça do Paraná (TJPR) que, em ação de divórcio litigioso, apoiado no art. 373, parágrafo 1º, do Código de Processo Civil (CPC), atribuiu ao ex-marido e coproprietário do imóvel o ônus de comprovar que as acessões e benfeitorias não foram realizadas na constância do casamento.

Para o colegiado, o TJPR — ao afastar a presunção legal relativa prevista no art. 1.253 do Código Civil (CC) — adotou corretamente a distribuição dinâmica, em razão de peculiaridades que permitem ao coproprietário (o ex-marido é dono do bem em conjunto com terceiros), com maior facilidade do que a ex-esposa, demonstrar se as melhorias realizadas no imóvel tiveram ou não a participação dela.

O tribunal paranaense considerou que a existência de rupturas no curso do vínculo conjugal dificulta a comprovação de esforço comum nos melhoramentos feitos no imóvel. Além disso, o ex-marido, por ser coproprietário e possuidor, teria mais condições de comprovar que as benfeitorias não foram realizadas durante o matrimônio e, portanto, não deveriam ser submetidas à partilha.

No recurso especial, o ex-marido alegou que, segundo o art. 1.253 do CC, a inversão do ônus da prova contraria a presunção relativa de que as benfeitorias existentes no imóvel foram realizadas pelo proprietário. Para ele, diante da ausência de indícios de que as acessões foram incorporadas com a participação da ex-mulher, caberia a ela provar os fatos que embasam o seu suposto direito.

O ministro Villas Bôas Cueva explicou que, segundo o art. 373, parágrafo 1º, do CPC, nos casos previstos em lei ou diante de peculiaridades da causa, o magistrado pode atribuir o ônus da prova de forma diferente da prevista no *caput* do artigo, desde que o faça por decisão fundamentada.

Já o art. 1.253 do CC, complementou, estabelece que toda construção ou plantação existente em um terreno é presumida como feita pelo proprietário e à sua custa, até que se prove o contrário.

De acordo com o ministro, contudo, a presunção prevista pelo art. 1.253 do CC é relativa (*juris tantum*) e, por isso, pode ser apresentada prova em sentido contrário. No caso concreto, disse ele, essa prova se tornou fundamental para definir se as acessões e benfeitorias foram realizadas em períodos coincidentes com a relação matrimonial, para fins de definição da partilha.

"No caso, ademais, a presunção do artigo 1.253 do CC/2002, presente no direito das coisas (Livro III), deve ceder lugar a outra presunção legal muito cara ao direito de família (Livro IV), constante do artigo 1.660, incisos I e IV, do CC/2002, segundo a qual se presume o esforço comum dos cônjuges na aquisição dos bens realizada na constância da relação matrimonial sob o regime da comunhão parcial, situação em que os respectivos bens devem ser partilhados", afirmou.

Em seu voto, Villas Bôas Cueva comentou que, para dar concretude ao princípio da persuasão racional do juiz, disciplinado no art. 371 do CPC, em conjunto com os pressupostos de boa-fé, cooperação, lealdade e paridade de armas previstos no código processual, foi introduzida a faculdade de o juiz atribuir o ônus da prova de modo diverso entre os sujeitos do processo, em virtude de situações peculiares — a distribuição dinâmica do ônus da prova.

"Desse modo, é indiferente procurar saber simplesmente quem teria realizado as construções ou edificações no imóvel objeto do litígio, mas é imprescindível definir em que momento elas teriam sido realizadas, se na constância ou não da união conjugal, mostrando-se mais adequado carrear a produção dessa prova para quem é o (co)proprietário do imóvel — no caso, o ora recorrente", concluiu o ministro ao manter o acórdão do TJPR. Processo em segredo de justiça. (matéria extraída do Portal do STJ, do dia 12.04.2022)

De acordo com o contido no site do Conjur, a decisão judicial que determina a inversão do ônus da prova — prevista no art. 6º, VIII, do Código de Defesa do Consumidor (CDC) — deve ocorrer antes da etapa de instrução do processo; se proferida em momento posterior, deve garantir à parte a quem foi imposto esse ônus a oportunidade de apresentar suas provas.

Com esse entendimento, a 4ª Turma do Superior Tribunal de Justiça — reafirmando a jurisprudência segundo a qual a inversão do ônus da prova é regra de instrução, e não de julgamento — cassou acórdão do Tribunal de Justiça de São Paulo (TJ-SP) em processo no qual a inversão só foi adotada na análise da apelação, quando não havia mais a possibilidade de produção de provas.

A controvérsia teve origem em ação civil pública ajuizada pelo Ministério Público de São Paulo contra uma seguradora que, supostamente, usaria documentos falsos para imputar a seus clientes o crime de fraude em seguros e, assim, não pagar as indenizações decorrentes de furto de veículos.

Na primeira instância, a ação foi julgada procedente, com base nas provas contidas nos autos, as quais, segundo o juiz, comprovaram a conduta ilícita e abusiva da empresa. Ao confirmar a sentença, o TJ-SP afirmou que o caso autorizava a inversão do ônus da prova, com base no CDC, e concluiu que a seguradora "não se desincumbiu do ônus de provar nos autos que seus prepostos não praticaram os atos ilícitos descritos na petição inicial".

No recurso ao STJ, a seguradora alegou que o TJ-SP foi omisso ao não se manifestar sobre provas e argumentos de sua defesa.

O relator do recurso, ministro Marco Buzzi, reconheceu a omissão e afirmou que, ao deixar de averiguar as questões apresentadas pela seguradora, a corte estadual demonstrou "inegável negligência", produzindo uma prestação jurisdicional defeituosa, especialmente porque o exame das teses defensivas seria importante para a correta solução da controvérsia.

Além disso, ressaltou o magistrado opostamente ao entendimento predominante no STJ, o tribunal paulista, no julgamento da apelação, estabeleceu como fundamento principal e único a inversão do ônus da prova, que não havia sido decidida na primeira instância. Houve, segundo Marco Buzzi, uma "inequívoca violação da regra atinente à inversão do ônus da prova, por importar em verdadeiro cerceamento de defesa e afronta aos ditames legais afetos às regras de instrução e julgamento".

O magistrado observou que as regras sobre o ônus da prova (art. 373 do Código de Processo Civil) foram mantidas até o momento da análise da apelação, quando, surpreendendo as partes, o TJSP anunciou a inversão desse ônus, ao fundamento de que os segurados seriam hipossuficientes.

No entanto, o relator considerou que não se pode falar em hipossuficiência — que justificaria a incidência do art. 6º, VIII, do CDC —, pois a ação foi movida pelo Ministério Público, órgão dotado de vasto aparato técnico e jurídico, que age em nome próprio, e não como representante de uma coletividade específica e determinada.

Marco Buzzi explicou que a inversão do ônus da prova é uma faculdade do magistrado e, quando for o caso, deve ocorrer em momento anterior à sentença, possibilitando à parte onerada a plenitude do direito de produzir a prova considerada necessária.

"A inversão do ônus da prova não é regra estática de julgamento, mas regra dinâmica de procedimento/instrução. Por ser regra de instrução, e não de julgamento, acaso aplicada a inversão do ônus da elaboração das provas, esta deve ser comunicada às partes antes da etapa instrutória, sob pena de absoluto cerceamento de defesa", concluiu o ministro.

Por unanimidade, a 4ª Turma determinou o retorno dos autos ao TJ-SP para nova análise da apelação da seguradora, afastada a inversão probatória. Com informações da assessoria de imprensa do Superior Tribunal de Justiça. REsp 1.286.273 (matéria extraída do site Conjur de 26.08.2021)

9. CRITÉRIO DE VALORAÇÃO DA PROVA. QUESTÃO DE DIREITO

9.1. FATOS PROVADOS. PROVAS PRODUZIDAS

É cediço que o julgador para decidir tem como norte a prova produzida no processo. Ou seja, os fatos provados de acordo com a prova produzida.

Não se tratando de fato incontroverso ou admitido pela parte como verdadeiros, a produção da prova torna-se medida obrigatória no processo. Destaca-se que o processo pertence às partes, eis que haja provocação do autor e resistência do réu.

Nessa toada, o juízo chega à decisão quanto ao mérito da questão posta para julgamento.

Essa análise persiste até o julgamento em segunda instância, uma vez que a partir daí a questão a ser dirimida passa a ser de Direito, e não de fato.

9.2. ENQUADRAMENTO JURÍDICO. AVALIAÇÃO DA PROVA

Admite-se que o juízo é como o mediador indispensável da revelação dos valores das fontes do Direito, contribuindo na construção da ordem jurídica.

Se o objetivo da avaliação for o exame dos fatos ou a nova avaliação da prova produzida, logicamente que o recurso de natureza especial ou extraordinária há de ser rechaçado; não conhecido.

É o que determina a Súmula n. 126 do TST, quando dispõe sobre o não cabimento do recurso de revista ou de embargos para reexame de fatos e provas. Ou das Súmulas n. 279 do STF: "Para simples reexame de prova não cabe recurso extraordinário" e n. 7 do STJ: "A pretensão de simples reexame de prova não enseja recurso especial".

Todavia, se a pretensão recursal visa um novo enquadramento jurídico dos fatos provados e da prova produzida, aí tem lugar a nova decisão de mérito da corte superior.

Destarte, nessa hipótese não estará a corte superior a rever fatos e provas, mas sim, amparando-se nos fatos e na prova reconhecidos pela instância regional, exercendo a função de declarar qual o correto enquadramento jurídico para o caso concreto que se examina.

10. ÔNUS PROBATÓRIO NAS AÇÕES INDENIZATÓRIAS POR ACIDENTE DE TRABALHO[94]

10.1. REFLEXÃO PRELIMINAR

A proposta não é de alteração do processo técnico relativo ao sistema de provas.

O debate diz respeito à presunção da culpa (ficção de culpa), com a possibilidade da inversão do ônus probatório e aplicação da Teoria de Distribuição Dinâmica do Ônus da Prova, quando se trata de acidente de trabalho (doença ocupacional) que ocorre em atividade que demanda risco à integridade física do trabalhador, sem descuidar do respeito às garantias constitucionais e infraconstitucionais.

Inicialmente a dicção dos arts. 818, da CLT e 373, do CPC/2015:

> Art. 818. O ônus da prova incumbe:
>
> I — ao reclamante, quanto ao fato constitutivo de seu direito;
>
> II — ao reclamado, quanto à existência de fato impeditivo, modificativo ou extintivo do direito do reclamante.
>
> § 1º Nos casos previstos em lei ou diante de peculiaridades da causa relacionadas à impossibilidade ou à excessiva dificuldade de cumprir o encargo nos termos deste artigo ou à maior facilidade de obtenção da prova do fato contrário, poderá o juízo atribuir o ônus da prova de modo diverso, desde que o faça por decisão fundamentada, caso em que deverá dar à parte a oportunidade de se desincumbir do ônus que lhe foi atribuído.
>
> § 2º A decisão referida no § 1º deste artigo deverá ser proferida antes da abertura da instrução e, a requerimento da parte, implicará o adiamento da audiência e possibilitará provar os fatos por qualquer meio em direito admitido.

(94) MANHABUSCO, José Carlos. Compilações extraídas conforme artigo publicado no *Suplemento Trabalhista* n. 129/10 da LTr.

§ 3º A decisão referida no § 1º deste artigo não pode gerar situação em que a desincumbência do encargo pela parte seja impossível ou excessivamente difícil.

Art. 373. O ônus da prova incumbe:

I — ao autor, quanto ao fato constitutivo de seu direito;

II — ao réu, quanto à existência de fato impeditivo, modificativo ou extintivo do direito do autor.

§ 1º Nos casos previstos em lei ou diante de peculiaridades da causa relacionadas à impossibilidade ou à excessiva dificuldade de cumprir o encargo nos termos do *caput* ou à maior facilidade de obtenção da prova do fato contrário, poderá o juiz atribuir o ônus da prova de modo diverso, desde que o faça por decisão fundamentada, caso em que deverá dar à parte a oportunidade de se desincumbir do ônus que lhe foi atribuído.

§ 2º A decisão prevista no § 1º deste artigo não pode gerar situação em que a desincumbência do encargo pela parte seja impossível ou excessivamente difícil.

§ 3º A distribuição diversa do ônus da prova também pode ocorrer por convenção das partes, salvo quando:

I — recair sobre direito indisponível da parte;

II — tornar excessivamente difícil a uma parte o exercício do direito.

§ 4º A convenção de que trata o § 3º pode ser celebrada antes ou durante o processo.

Aqui, nos interessa destacar que a CLT já contempla sistema de distribuição do ônus da prova, não necessitando, assim, de aplicação subsidiária do CPC (CLT, art. 769).

Outro fato que merece relevo é o inciso II do § 3º do art. 373 do CPC/2015. Ou seja, quando *tornar excessivamente difícil a uma parte o exercício do direito*.

Neste aspecto fala-se em prova *impossível ou diabólica*. Esta prova está associada a própria dificuldade da parte, no caso o autor, de produzi-la. Por exemplo: em se tratando de exposição aos agentes de riscos à saúde inerentes ao ambiente de trabalho.

Vale lembrar a lição de Manoel Antonio Teixeira Filho(95):

> "Concluímos, portanto, que o art. 818, da CLT, desde que o intérprete saiba captar, com fidelidade, o seu verdadeiro conteúdo ontológico, deve ser o único dispositivo legal a ser invocado para resolver os problemas relacionados ao ônus da prova no processo do trabalho, vedando-se, desta forma, qualquer invocação supletiva do art. 333, do CPC (Código de 1973), seja porque a CLT não é omissa, no particular, seja porque há manifesta incompatibilidade com o processo do trabalho".

---

(95) TEIXEIRA FILHO, Manoel Antonio. *A prova no processo do trabalho*. 8. ed. São Paulo: LTr, 2003. p. 83.

Também não nos parece ter relevância o fato de a CLT ter sido produzida após o Código de 1939, aliado as novas alterações da Lei n. 13.467/2017, e o CPC de 1973 ter aperfeiçoado a fórmula. Ao bem da verdade o que se diz é óbvio, isto é, o autor deve provar as suas alegações e o réu de igual maneira, ainda mais quando não formatadas apenas na negação.

Agora o ordenamento jurídico possui o Código de Processo Civil de 2015 que tratou de maneira mais ampla o tema.

10.2. ACIDENTE DE TRABALHO

Segundo a legislação, Acidente do Trabalho é o que ocorre pelo exercício do trabalho a serviço da empresa ou pelo exercício do trabalho dos segurados referidos no inciso VII do art. 11 da Lei n. 8.213/1991, provocando lesão corporal ou perturbação funcional que cause a morte ou a perda ou redução, permanente ou temporária, da capacidade para o trabalho.

A legislação previdenciária considera como Acidente do Trabalho as entidades mórbidas (art. 20 da Lei n. 8.213/1991):

- Doença Profissional, assim entendida a produzida ou desencadeada pelo exercício do trabalho peculiar a determinada atividade e constante da respectiva relação elaborada pelo Ministério do Trabalho (inciso I) e da Previdência Social.
- Doença do Trabalho, assim entendida a adquirida ou desencadeada em função de condições especiais em que o trabalho é realizado e com ele se relacione diretamente, constante da relação mencionada no inciso I (inciso II).

Equiparam-se também o acidente ligado ao trabalho que, embora não tenha sido a causa única, haja contribuído diretamente... (art. 21, inciso I, da Lei n. 8.213/1991). Aqui a legislação trata da concausalidade.

Com efeito, a norma infraconstitucional descreve a situação fática para que o acidente de trabalho seja caracterizado. De maneira que ficou evidente a distinção entre doença profissional e doença do trabalho. Isso implica dizer que a distinção faz diferença quando da análise do nexo de causalidade.

Explica-se.

A doença profissional é peculiar a determinadas atividades (já está contemplada na relação do MTP) e a doença do trabalho possui relação com as condições em que o trabalho é realizado.

No primeiro caso, a relação já está descrita legalmente. No segundo, há necessidade de se comprovar a relação direta ou indireta (concausa).

10.3. *GARANTIA CONSTITUCIONAL DO CONTRADITÓRIO E DA AMPLA DEFESA*

A Constituição Federal no inciso LV do art. 5º garante aos litigantes, em processo judicial ou administrativo, o direito ao contraditório e a ampla defesa, com os meios e recursos inerentes.

No processo do trabalho não é diferente. Tanto para o autor como para o réu o direito é igual. O estado de miserabilidade jurídica do empregado diante da natureza econômica da atividade explorada pelo empregador em nada influencia na garantia constitucional.

Na distribuição do ônus da prova, norteando-se pelos arts. 818 da CLT(96) e o 373, incisos e parágrafos do CPC/2015(97), em que pese à crítica de aplicação supletiva, as partes são responsáveis pela prova dos fatos alegados em juízo.

O autor deve provar o fato constitutivo do seu direito e o réu o fato impeditivo, modificativo ou extintivo do direito do autor.

A garantia constitucional do direito a produção da prova e do momento para sua impugnação deve prevalecer sempre, sob pena de ser o processo declarado nulo por cerceamento na produção da prova, ou por ofensa do direito ao contraditório.

---

(96) Art. 818. O ônus da prova incumbe:

I — ao reclamante, quanto ao fato constitutivo de seu direito;

II — ao reclamado, quanto à existência de fato impeditivo, modificativo ou extintivo do direito do reclamante.

§ 1º Nos casos previstos em lei ou diante de peculiaridades da causa relacionadas à impossibilidade ou à excessiva dificuldade de cumprir o encargo nos termos deste artigo ou à maior facilidade de obtenção da prova do fato contrário, poderá o juízo atribuir o ônus da prova de modo diverso, desde que o faça por decisão fundamentada, caso em que deverá dar à parte a oportunidade de se desincumbir do ônus que lhe foi atribuído.

§ 2º A decisão referida no § 1º deste artigo deverá ser proferida antes da abertura da instrução e, a requerimento da parte, implicará o adiamento da audiência e possibilitará provar os fatos por qualquer meio em direito admitido.

§ 3º A decisão referida no § 1º deste artigo não pode gerar situação em que a desincumbência do encargo pela parte seja impossível ou excessivamente difícil. A prova das alegações incumbe à parte que as fizer.

(97) Art. 373. O ônus da prova incumbe:

I — ao autor, quanto ao fato constitutivo de seu direito;

II — ao réu, quanto à existência de fato impeditivo, modificativo ou extintivo do direito do autor.

§ 1º Nos casos previstos em lei ou diante de peculiaridades da causa relacionadas à impossibilidade ou à excessiva dificuldade de cumprir o encargo nos termos do *caput* ou à maior facilidade de obtenção da prova do fato contrário, poderá o juiz atribuir o ônus da prova de modo diverso, desde que o faça por decisão fundamentada, caso em que deverá dar à parte a oportunidade de se desincumbir do ônus que lhe foi atribuído.

§ 2º A decisão prevista no § 1º deste artigo não pode gerar situação em que a desincumbência do encargo pela parte seja impossível ou excessivamente difícil.

§ 3º A distribuição diversa do ônus da prova também pode ocorrer por convenção das partes, salvo quando:

I — recair sobre direito indisponível da parte;

II — tornar excessivamente difícil a uma parte o exercício do direito.

§ 4º A convenção de que trata o § 3º pode ser celebrada antes ou durante o processo.

Não se está deixando de contemplar com isso a faculdade conferida ao juízo de afastar as diligências inúteis ou meramente protelatórias (art. 370 do CPC/2015[(98)]). O reitor como destinatário da prova é o responsável na condução dos atos praticados pelos meios legais e moralmente legítimos contemplados pela legislação. A negativa do exercício do direito à produção da prova ofende e nega vigência à norma constitucional e infraconstitucional[(99)].

10.4. PEDIDO DE INVERSÃO DO ÔNUS DA PROVA OU OBRIGAÇÃO LEGAL. PRESUNÇÃO LEGAL DE CULPA

Como já fora dito alhures quando se tratou também da aplicação do CDC, a inversão do ônus da prova comporta duas situações, quais sejam: uma judicial ou legal e outra convencional. A que nos interessa no presente caso é a judicial ou legal.

A previsão da inversão do ônus da prova encontra eco no Código de Defesa do Consumidor, especificamente no inciso VIII do art. 6º.

Na literalidade do inciso VIII do art. 6º, o legislador infraconstitucional, aproveitando-se do espírito da lei, não deixou desamparado o consumidor na busca da defesa de seus direitos frente ao fornecedor. Entretanto, condicionou a aplicação da inversão às regras ordinárias de experiência; ao critério do julgador, e a averiguação da veracidade das alegações ou das condições de hipossuficiência.

A par disso, quando se fala em direito do trabalho, verifica-se também que o texto constitucional leva ao entendimento de que o empregador deve proteger os empregados dos riscos próprios de sua atividade, em comparação com a responsabilidade pelos danos ao meio ambiente — exegese do art. 200, inciso VIII e art. 225, § 3º, da CF/88.

Nesta trilha, analisando a dicção do art. 7º, incisos XXII, XXIII e XVII e do art. 21, inciso XXIII, *c*, da CF/88, percebem-se significativos pontos de vista convergentes:

a) de quem explora uma atividade que coloca em risco a saúde, a vida e a segurança do trabalhador deve arcar com o ônus respectivo (art. 21, XXIII, *c* e art. 7º, XXII e XXIII).

b) que cabe ao empregador o ônus de sua atividade, inclusive quando ela apesar de não ser insalubre ou perigosa, seja penosa, isto é, cause desconforto físico ou mental ao trabalhador (art. 7º, XXIII), como se dá com a atividade que exige ritmos intensos de trabalho e repetitividade de tarefas.

---

(98) Art. 370. Caberá ao juiz, de ofício ou a requerimento da parte, determinar as provas necessárias ao julgamento do mérito.

(99) MANHABUSCO, José Carlos; CAMARGO, Gianncarlo. *Responsabilidade civil objetiva do empregador decorrente de acidente do trabalho e do risco da atividade*. 3. ed. São Paulo: LTr, 2017. p. 116.

Ora, pode-se querer acompanhar o caminho da analogia chegando-se à interpretação de que se trata de norma de ordem pública, ou seja, que independe de pedido e da vontade das partes. Todavia, ainda assim, em que pese à condição de impotência econômica latente dos que buscam tutela perante a Justiça do Trabalho, a decisão fica ao arbítrio do julgador.

Sendo assim, o melhor é que a parte postule em sua pretensão a inversão do ônus probatório (evitando a preliminar de *inépcia do pedido*), seja pela facilitação da defesa na demonstração dos fatos deduzidos em juízo, seja pelo critério da aptidão da prova (ou da adequação) daquele que possui melhores condições de produzi-la (ônus pelo risco produzido pela própria atividade explorada)[(100)].

A Teoria da Distribuição Dinâmica do Ônus da Prova cai como luvas. Isso porque a documentação concernente ao contrato de trabalho fica na posse do empregador.

Cabe obtemperar com a presunção legal do nexo de causalidade e da consequente culpa.

Veja o seguinte exemplo. Com o intuito de estabelecer o nexo causal epidemiológico o INSS trouxe a tona o Decreto n. 6.042, de 12 de fevereiro de 2007. Concernente diploma legal, complementado pelo Decreto n. 6.957, de 9 de setembro de 2009, trazem contribuição no campo da doença ocupacional, especialmente no que diz respeito ao nexo de causalidade entre a doença, a função e a atividade econômica.

A legislação segue a seguinte sequência lógica e sistematização:

a) Doenças com o respectivo Código Internacional de Doenças — CID;

b) Agentes etiológicos ou fatores de risco de natureza ocupacional;

c) Relação de atividades preponderantes e correspondentes de risco (CNAE).

Na lei citada consta ao final de cada agrupamento estão indicados os intervalos de CID-10 em que se reconhece Nexo Técnico Epidemiológico, na forma do § 1º do art. 337, entre a entidade mórbida e as classes de CNAE indicadas, nelas incluídas as subclasses cujos quatro dígitos sejam comuns.

No Anexo II (Lista B) consta a doença do sistema osteomuscular e do tecido conjuntivo relacionadas ao trabalho (Grupo XIII da CID-10): posições forçadas e gestos repetitivos. Se estiver exposto a posições forçadas e gestos repetitivos e sofrer da doença (p.: tendinite) o nexo de causalidade já se encontra estabelecido pelo diploma legal.

(100) MANHABUSCO, José Carlos; CAMARGO, Gianncarlo. *Responsabilidade civil objetiva do empregador decorrente de acidente do trabalho e do risco da atividade*. 3. ed. São Paulo: LTr, 2017. p. 96-97.

Observe que nos moldes consignados na legislação há presunção de serem os danos (doença ocupacional) provenientes do trabalho executado naquelas condições, seja como causa direta, bem como concausa. A norma contempla tal situação.

Ora, se no ambiente de trabalho há exposição ao risco de natureza ocupacional e o descumprimento das obrigações do contrato de trabalho e, em particular, das Normas Regulamentadoras do Ministério do Trabalho e da legislação correlata (Decreto n. 3.048/1999), decorrência lógica é o reconhecimento da culpa presumida em face do descumprimento da obrigação legal.

Neste caso, cabe ao empregador emitir a Comunicação de Acidente de Trabalho, bem assim trazer para os autos o Exame de Saúde Admissional (ASO) onde consta o estado de saúde do empregado por ocasião da admissão no emprego.

A empregadora deve comprovar, efetivamente, por intermédio de prova documental (exibição dos Programas de Segurança e Medicina do Trabalho dos locais trabalhados pela parte autora), que, no mínimo, adota o uso de medidas coletivas e individuais de proteção e segurança da saúde do trabalhador, de acordo com a oração do § 1º do artigo 19 da Lei n. 8.213/91.

Por essa razão, na prática, a parte autora pede que o juízo determine a exibição dos seguintes documentos, sob pena da aplicação das penas inseridas nos arts. 396 e seguintes do CPC/2015:

— Programa de Prevenção de Riscos Ambientais — PPRA, previstos na NR-9 da Portaria n. 3.214/1978 do MTE do local de trabalho da parte autora.

Justificativa: trata-se de documento que demonstra o cumprimento da obrigação legal de cuidar e controlar os riscos existentes no ambiente de trabalho visando a preservação da saúde e integridade da parte autora, por meio da antecipação, reconhecimento, avaliação e consequente controle da ocorrência de riscos ambientais existentes ou que venham a existir no ambiente de trabalho.

— Programa de Controle Médico de Saúde Ocupacional — PCMSO, nos termos da NR-7 da Portaria n. 3.214/1978, acompanhado dos respectivos relatórios.

Justificativa: trata-se de documento que demonstra o cumprimento da obrigação legal da ré com o objetivo de monitorar, individualmente, aqueles trabalhadores expostos aos agentes químicos, físicos, biológicos etc. existentes no ambiente de trabalho nocivos capazes de causar danos à saúde e integridade física da parte autora.

Com a edição da NR n. 36 do MTP, outras obrigações também devem ser comprovadas pela ré, ou seja:

- Mobiliário e postos de trabalho;
- Gerenciamento dos riscos;

- Programas de Prevenção dos Riscos Ambientais e de Controle Médico de Saúde Ocupacional;
- Organização temporal do trabalho;
- Organização das atividades;
- Análise Ergonômica do Trabalho;
- Informações e Treinamentos em Segurança e Saúde no Trabalho.

Veja-se o conteúdo do guia prático elaborado pela Dra. Christa Sedlatschek, Diretora da Agência Europeia para a Segurança e Saúde no Trabalho, sob o título: "Participação dos Trabalhadores na Segurança e Saúde no Trabalho":

> Aos olhos da lei, os empregadores são os responsáveis pela gestão da segurança e saúde no trabalho. Devem, pois, garantir a proteção dos trabalhadores contra eventuais danos, controlando eficazmente os riscos de lesão ou doença que podem surgir nos locais de trabalho. De acordo com a legislação sobre segurança e saúde no trabalho, os empregadores têm a obrigação de avaliar os riscos existentes nos locais de trabalho. Devem ser efetuadas avaliações de risco que abranjam todos os riscos suscetíveis de causar danos nesses locais, a fim de determinar quais são medidas de controlo necessárias. Os empregadores devem informar os trabalhadores sobre os riscos existentes nos locais de trabalho e sobre o que os protege desses riscos, bem como dar-lhes instruções e formação sobre a forma de se manterem protegidos. Os empregadores devem consultar os trabalhadores sobre as questões da segurança e saúde. Dependendo da legislação nacional aplicável, a consulta deverá ser feita diretamente ou através de um representante dos trabalhadores. É frequente utilizar-se uma combinação das duas formas. Os empregadores poderão ter de criar comissões de higiene e segurança no trabalho (com trabalhadores e empregadores) para a segurança, no seio das quais serão discutidas as questões mais estratégicas. Os empregadores devem promover uma cultura em que a segurança e saúde seja uma responsabilidade de todos e de cada um. A obrigação de consulta não depende da dimensão da organização. Os princípios são os mesmos (encorajar um diálogo aberto, ouvir o que é dito, aprender com o que se ouve e agir em conformidade), apenas varia o formato(101).

Para que sirva como fonte de consulta convém lembrar a edição dos Enunciados ns. 38, 39-43 aprovados na 1ª Jornada de Direito Material e Processual, na Justiça do Trabalho, que tratam da responsabilidade objetiva, culpa presumida, inversão do ônus da prova etc.:

> 38. RESPONSABILIDADE CIVIL. DOENÇAS OCUPACIONAIS DECORRENTES DOS DANOS AO MEIO AMBIENTE DO TRABALHO. Nas doenças ocupacionais

(101) EU-OSHA — Agência Europeia para a Segurança e Saúde no Trabalho — GUIA PRÁTICO.

decorrentes dos danos ao meio ambiente do trabalho, a responsabilidade do empregador é objetiva. Interpretação sistemática dos arts. 7º, XXVIII, 200, VIII, 225, § 3º, da Constituição Federal e do art. 14, § 1º, da Lei n. 6.938/1981.

39. MEIO AMBIENTE DE TRABALHO. SAÚDE MENTAL. DEVER DO EMPREGADOR. É dever do empregador e do tomador dos serviços zelar por um ambiente de trabalho saudável também do ponto de vista da saúde mental, coibindo práticas tendentes ou aptas a gerar danos de natureza moral ou emocional aos seus trabalhadores, passíveis de indenização.

40. RESPONSABILIDADE CIVIL. ACIDENTE DO TRABALHO. EMPREGADO PÚBLICO. A responsabilidade civil nos acidentes do trabalho envolvendo empregados de pessoas jurídicas de Direito Público interno é objetiva. Inteligência do art. 37, § 6º da Constituição Federal e do art. 43 do Código Civil.

41. RESPONSABILIDADE CIVIL. ACIDENTE DO TRABALHO. ÔNUS DA PROVA. Cabe a inversão do ônus da prova em favor da vítima nas ações indenizatórias por acidente do trabalho.

42. ACIDENTE DO TRABALHO. NEXO TÉCNICO EPIDEMIOLÓGICO. Presume-se a ocorrência de acidente do trabalho, mesmo sem a emissão da CAT — Comunicação de Acidente de Trabalho, quando houver nexo técnico epidemiológico conforme art. 21-A da Lei n. 8.213/1991.

43. ESTABILIDADE ACIDENTÁRIA. AUSÊNCIA DE EMISSÃO DA CAT. A ausência de emissão da CAT — Comunicação de Acidente do Trabalho pelo empregador não impede o direito à estabilidade do art. 118 da Lei n. 8.213/1991, desde que comprovado que o trabalhador deveria ter-se afastado em razão do acidente por período superior a quinze dias.

Os seguintes julgados servem para refletir:

DOENÇA OSTEOMUSCULAR OCUPACIONAL. EMPRESA DO RAMO FRIGORÍFICO. TRABALHO COM MOVIMENTOS E ESFORÇOS REPETITIVOS. RESPONSABILIDADE OBJETIVA DO EMPREGADOR. CONCAUSA. DANO MORAL — O labor em empresa do ramo frigorífico que exige movimentos ou esforço repetitivos, a culpa pelo desencadeamento ou agravamento de doença osteomuscular é presumida, aplicando-se a teoria da culpa objetiva, nos termos do previsto no art. 927, Parágrafo único, do Código Civil da jurisprudência predominante perante o Colendo Tribunal Superior do Trabalho — TST. Reconhecida, que a trabalhadora padece de patologia que teve como concausa esse tipo labor prestado em benefício da empresa, em atividade considerada de risco, equiparada a acidente de trabalho, a responsabilidade do empregador pelos danos decorrentes é mero corolário, na forma do previsto nos arts. 20 e 21, inciso I da Lei n. 8.213/91 e 186 do Código Civil, combinados com o disposto no art. 2º da CLT, máxime porque 'Tal como o Estado deve assegurar que não sejam causados prejuízos aos cidadãos, também o empregador terá de providenciar quanto à inexistência de danos aos seus trabalhadores no desenvolvimento da atividade que estão incumbidos' (Pedro Romano Martínez), o que não foi observado. (Proc. 0024652-05.2015.5.24.0021-RO — Relator Des. Francisco das C. Lima Filho. Julgado em 8.11.2017)

DANO MORAL. CONFIGURAÇÃO. DOENÇA ADQUIRIDA EM RAZÃO DAS ATIVIDADES DESEMPENHADAS. MOLÉSTIA NÃO INCAPACITANTE. INDENIZAÇÃO DEVIDA. A SBDI-I, por maioria, conheceu dos embargos, por divergência jurisprudencial, e, no mérito, negou-lhes provimento para manter a decisão turmária que condenara a reclamada ao pagamento de indenização por danos morais no valor de R$ 15.000.00. Na hipótese, restou incontroverso que a patologia adquirida pelo empregado (tendinopatia do supraespinhoso/síndrome do impacto) teve origem na atividade desempenhada para a empresa reclamada (desossa na área de dianteiro e traseiro), sendo irrelevante, para a configuração do dano moral, o fato de a doença adquirida não ter causado incapacidade laborativa para as funções exercidas. A responsabilidade civil do empregador por dano moral em casos de doença deve resultar da análise independente entre a legislação civil e a previdenciária. Segundo o art. 186 do Código Civil, aquele que por conduta ativa, omissiva, negligente ou imprudente viole direito e cause dano a outrem, ainda que exclusivamente moral, comete ato ilícito e, por conseguinte, tem o dever de indenizar. Assim, a despeito do art. 20 da Lei n. 8.213/1991 equiparar as moléstias profissionais ao acidente de trabalho apenas quando houver incapacidade laborativa, tal conclusão não afasta a caracterização do dano moral, pois patente a lesão à saúde do empregado advinda do exercício da atividade profissional. Vencidos os Ministros Márcio Eurico Vitral Amaro, relator, Ives Gandra Martins Filho e Aloysio Corrêa da Veiga, os quais conheciam e proviam os embargos ao fundamento de que a ausência de incapacidade laborativa afasta o direito à indenização por dano moral. TST-E-ED-RR-641-74.2012.5.24.0001, SBDI-I, rel. Min. Márcio Eurico Vitral Amaro, red. p/ acórdão Min. José Roberto Freire Pimenta, 23.3.2017 (Boletim Informativo n. 155 do TST)

[...] RECURSO DE REVISTA DA RECLAMADA — DOENÇA OCUPACIONAL — NEXO DE CAUSALIDADE E DANO COMPROVADOS — TEORIA DA CULPA PRESUMIDA. O pleito de indenização por dano material, moral e estético pressupõe a existência do dano, nexo de causalidade e culpa empresarial, excepcionadas as hipóteses de responsabilidade objetiva. Embora não se possa presumir a aplicação da culpa em situações como tais, no caso específico dos autos restaram evidenciados o nexo causal e a materialização do dano, bem como o fato de o reclamante ter sido acometido por doença ocupacional (lombocitalgia) em face do labor realizado por quatorze anos na empresa. Em situações como a delineada no acórdão regional, não há como exigir do empregado a comprovação da culpa do empregador pelo adoecimento. O órgão previdenciário oficial constatou que há o nexo técnico epidemiológico previdenciário entre a doença ocupacional e as atividades exercidas pelo reclamante. Diante dessa situação, aplica-se o princípio da aptidão da prova e a inversão do ônus probatório, como meio de assegurar o direito à reparação da vítima, salvo prova em sentido contrário. Assim, caracterizados o dano e o nexo de causalidade entre a doença noticiada e as atividades desenvolvidas pelo reclamante, devido é o pagamento da indenização por danos morais e materiais. Recurso de revista não conhecido. (ARR-53300-07.2007.5.05.0311, Relator Ministro Luiz Philippe Vieira de Mello Filho, 7ª Turma, DEJT 31.03.2017).

AGRAVO DE INSTRUMENTO EM RECURSO DE REVISTA. INTERPOSIÇÃO SOB A ÉGIDE DA LEI N. 13.015/2014. RESPONSABILIDADE CIVIL. DANOS MORAIS. DOENÇA OCUPACIONAL. SINOVITE E TENOSSINOVITE NO OMBRO DIREITO.

LAUDO PERICIAL. COMPROVAÇÃO DE NEXO CAUSAL COM A ATIVIDADE DESENVOLVIDA. 1. O Tribunal Regional, consignando que a incapacidade da empregada durou por cerca de 180 dias e que, "atualmente, não mantém incapacidade para sua atividade laboral", reformou a sentença a fim de condenar a reclamada ao pagamento de indenização por danos morais em razão da doença ocupacional (sinovite e tenossinovite no ombro direito) desenvolvida pela empregada. Registrou que a perícia realizada concluiu que "a doença que acomete a reclamante, originando essas dores guarda nexo de causalidade com o labor desenvolvido", e que, estando provado, no caso, "o sofrimento da autora, uma vez que essa sente dores que interferem em sua vida profissional e particular", imperioso o reconhecimento da responsabilidade civil do empregador. 2. Uma vez fixada na decisão regional à premissa de que o laudo pericial demonstrou o nexo de causalidade entre a doença ocupacional e a atividade desenvolvida pela empregada, o exame das alegações da reclamada demandaria o revolvimento de fatos e provas, vedado em sede extraordinária a teor da Súmula 126/TST. 3. Cumpre ressaltar, quanto ao dano moral, que é assente nesta Corte Superior o entendimento de que emerge *in re ipsa*, ou seja, do próprio fato que atinge a honra do trabalhador, expressão do valor vida e dignidade humana, carecendo, portanto, de comprovação da extensão do sofrimento da vítima. 4. Já no que concerne à culpa, vale registrar que esta Corte Superior vem consagrando entendimento de que, para a responsabilização do empregador nos casos envolvendo dano oriundo de doença ocupacional desenvolvida em razão da atividade laboral, a culpa é presumida, já que o empregador tem o controle da direção da empresa, e, por isso, deve zelar do meio ambiente de trabalho, como exigem os arts. 7º, XXII, da CF, 157 da CLT e a Convenção 155 da OIT. Desse modo, o elemento culpa emerge da conduta omissiva em relação ao dever de cuidar da saúde, higiene, segurança e integridade física do trabalhador, já que não há, no caso, elementos no sentido de que tenha adotado a citada medida. Ilesos, pois, os arts. 7º, XXVIII, da CF e 927 do CC. Aresto inservível ao cotejo (art. 896, "a", da CLT). Precedentes. [...] (AIRR-158-19.2015.5.17.0006, Relator Ministro Hugo Carlos Scheuermann, 1ª Turma, DEJT 14.08.2017).

[...] INDENIZAÇÃO POR DANOS MORAIS. DOENÇA OCUPACIONAL. INVALIDEZ TOTAL E PERMANENTE PARA A ATIVIDADE EXERCIDA. O Tribunal de origem, amparado pelo conjunto fático-probatório dos autos, inclusive pelo laudo pericial, reconheceu o direito do reclamante ao recebimento de indenização por danos morais decorrente de doença do trabalho (epicondilite medial crônica bilateral dos cotovelos) que acarretou a perda definitiva da capacidade para o trabalho que exercia. Estabeleceu o nexo causal entre as atividades de montador de produção do reclamante e a culpa da reclamada que se omitiu em relação às medidas de segurança e medicina do trabalho, ao expor o reclamante ao labor de forma antiergonômico, o que facilitou o surgimento de lesão relativa a LER/DORT. Evidenciado o nexo de causalidade entre o dano e o labor do reclamante para a reclamada, e em se tratando de doença ocupacional, tem-se que a culpa é presumida, em razão de o empregador ter o controle e a direção sobre a estrutura, dinâmica, gestão e operação do labor a ser desenvolvido. Trata-se, pois, de dano *in re ipsa*. Ou seja, o dano moral é consequência do próprio fato ofensivo, de modo que, comprovado o evento lesivo, no caso, a doença profissional adquirida em razão de atividade laboral cujos efeitos maléficos não restaram devidamente combatidos pela reclamada, tem-se, como corolário lógico, a configuração do dano moral, exsurgindo a obrigação de indenizar, nos termos do art. 5º, X, da Constituição Federal. Para desconstituir o nexo causal estabelecido pelo TRT, conforme pretende a recorrente, mediante argumentos no sentido de que inexiste a doença, o nexo causal e a culpa, seria necessário um novo exame do conjunto fáti-coprobatório dos autos, expediente vedado nesta instância recursal, pela Súmula n. 126 do TST. Recurso de revista não conhecido. (RR-1184-50.2010.5.09.0006, Relatora Ministra Maria Helena Mallmann, 2ª Turma, DEJT 08/06/2018).

[...] 2. DOENÇA OCUPACIONAL. LER/DORT. RESPONSABILIDADE CIVIL DO EMPREGADOR. CULPA PRESUMIDA. INDENIZAÇÃO POR DANOS MORAIS. PENSÃO VITALÍCIA. NEXO CAUSAL OU CONCAUSAL. A indenização por dano moral, estético e material resultante de acidente do trabalho e/ou doença profissional ou ocupacional supõe a presença de três requisitos: a) ocorrência do fato deflagrador do dano ou do próprio dano, que se constata pelo fato da doença ou do acidente, os quais, por si sós, agridem o patrimônio moral e emocional da pessoa trabalhadora (nesse sentido, o dano moral, em tais casos, verifica-se pela própria circunstância da ocorrência do malefício físico ou psíquico); b) nexo causal ou concausal, que se evidencia pelo fato de o malefício ter ocorrido em face das condições laborativas; c) culpa empresarial, excetuadas as hipóteses de responsabilidade objetiva. Embora não se possa presumir a culpa em diversos casos de dano moral — em que a culpa tem de ser provada pelo autor da ação —, tratando-se de doença ocupacional, profissional ou de acidente do trabalho, essa culpa é presumida, em virtude de o empregador ter o controle e a direção sobre a estrutura, a dinâmica, a gestão e a operação do estabelecimento em que ocorreu o malefício. Pontue-se que tanto a higidez física como a mental, inclusive emocional, do ser humano são bens fundamentais de sua vida, privada e pública, de sua intimidade, de sua autoestima e afirmação social e, nesta medida, também de sua honra. São bens, portanto, inquestionavelmente tutelados, regra geral, pela Constituição (art. 5º, V e X). Agredidos em face de circunstâncias laborativas, passam a merecer tutela ainda mais forte e específica da Constituição da República, que se agrega à genérica anterior (art. 7º, XXVIII, CF/88). É do empregador, evidentemente, a responsabilidade pelas indenizações por dano moral, material ou estético decorrentes de lesões vinculadas à infortunística do trabalho, sem prejuízo do pagamento pelo INSS do seguro social. No caso dos autos, consta do acórdão regional que o laudo médico pericial de fls. 188/189 — definitivo para a concessão de aposentadoria por invalidez da Reclamante — apontou "que a causa do afastamento foi 'DORT — distúrbios osteomusculares relacionados ao trabalho'". Consta, ainda, que, a despeito da conclusão esposada pelo perito, o Tribunal de origem, com fulcro no princípio do convencimento motivado, lastreou-se em documentos colacionados aos autos para afastar a imputação ao Banco de qualquer conduta ilícita por ele perpetrada, registrando que houve o cumprimento das normas atinentes à segurança e à saúde do trabalho. Registra, ademais, que apesar de o segundo laudo pericial de fls. 1171/1176 reconhecer "a existência nexo de causalidade entre a atividade laboral desempenhada pela reclamante e a doença que adquirira (DORT/LER)", entendeu que esta conclusão foi genérica e inconclusiva, pois aponta outras causas (não ocupacionais) hábeis a desencadear a doença em apreço. Todavia, embora a Corte de origem tenha registrado que o segundo laudo pericial produzido nos presentes autos foi genérico e inconclusivo quanto ao nexo causal, bem como tenha consignado inexistir demonstração de culpa do empregador no evento danoso em face da apresentação de documentos que atestam a concessão de Kit LER e mobiliários adequados, além de desenvolvimento de atividades recreativas, consignou expressamente outros elementos fáticos que possibilitam dar enquadramento jurídico diverso ao caso. Do acórdão do Tribunal Regional, extrai-se que há dois laudos periciais apontando o nexo de causalidade entre as atividades laborais desenvolvidas pela Reclamante e a doença que a acometeu, de maneira que o primeiro laudo (apontado como sendo o de fls. 188/189) serviu de fundamento para a concessão de aposentadoria por invalidez à Obreira. Diante disso, ainda que Tribunal Regional tenha registrado que o segundo laudo pericial foi inconclusivo acerca do nexo causal entre a doença e as atividades laborais exercidas pela Reclamante, deve-se admitir — sobretudo em face da conclusão esposada pelos experts — que estas atividades, ainda que não tenham desencadeado a doença, ao menos contribuíram para a perda da capacidade laborativa da Recorrente. Partindo desse contexto, e tendo em vista que, desde a edição do Decreto n. 7.036/44, o ordenamento jurídico pátrio admite a teoria da concausa prevista, expressamente, na atual legislação, art. 21, I, da Lei n. 8.213/91, se as condições de trabalho a que se submetia a trabalhadora, embora não tenham sido a causa única, contribuíram diretamente para a perda da sua capacidade laborativa, produzindo lesão que exija atenção médica para a sua recuperação, deve-lhe ser assegurada a indenização pelos danos sofridos. Diante do reenquadramento jurídico à hipótese dos autos ora conferida, tem-se que, constatado o nexo concausal e o dano, e considerando-se que o empregador tem o controle e a direção sobre a estrutura, a dinâmica, a gestão e a operação do estabelecimento em que ocorreu o malefício, desponta a premissa da culpa presumida da Reclamada e, consequentemente, a configuração dos elementos que ensejam a responsabilidade civil (dano, nexo causal/concausal e culpa empresarial). Nesse aspecto, pontua-se que a concessão de Kit LER e mobiliários adequados, além de desenvolvimento de atividades recreativas, pelo Reclamado não são suficientes para afastar sua culpa presumida na presente hipótese, pois tais condutas foram insuficientes para obstaculizar o desencadeamento/agravamento da moléstia que acometeu a Reclamante. Recurso de revista conhecido e parcialmente provido no aspecto. (RR-40200-95.2001.5.07.0001, Relator Ministro Mauricio Godinho Delgado, 3ª Turma, DEJT 08.09.2017).

As decisões compiladas trazem em seu bojo a culpa presumida do empregador quanto à exposição ao risco de dano a integridade física do empregado, bem como a possibilidade de provar em sentido contrário (isenção da responsabilidade empresarial), o que representa a admissão da inversão do ônus probatório.

10.5. MOMENTO PROCESSUAL

A questão aqui é saber em qual momento do procedimento da *inversão do ônus da prova* deve ser aplicado, imaginando que o autor efetuara o pedido na inicial ou por ocasião da réplica.

A matéria é processual, uma vez que diz respeito ao procedimento. Se houver o pedido, a parte deverá reiterar a sua pretensão antes de iniciar a instrução. Isso porque, se ocorrer o indeferimento, será a ocasião apropriada para registrar os protestos por cerceamento na produção da prova, com consequente pedido de nulidade processual.

O juízo, por sua vez, deverá decidir acerca da inversão ou não do ônus da prova antes do início da instrução probatória. Naquele instante, o diretor do processo fundamentará as razões do seu deferimento ou indeferimento, facultando às partes o conhecimento do caminho a ser trilhado.

A inversão do ônus da prova é regra dinâmica de atividade/procedimento/ instrução, sendo assim ela deve ser informada às partes antes da instrução processual, na medida em que, deste modo possibilitará à parte que arcar com o ônus a possibilidade de exercer seus direitos de produção de prova, pois se assim não for, poderá ocorrer completo cerceamento de defesa.

Aponta-se o que explica o artigo da CLT.

As provas são produzidas em audiência, ressalvada, por exemplo: a prova técnica, sendo que o juízo, com a decisão motivada acerca da inversão ou não do ônus da prova, não prejudicará as partes nem causará cerceamento na sua produção.

10.6. EFEITOS DO ATO

A busca pelo equilíbrio das garantias constitucionais e a investigação da verdade real não devem ser deixadas de lado por caprichos ou argumentações calcadas na busca da eventual celeridade.

O prejuízo se torna maior, sendo certo que o hipossuficiente sentirá os reflexos futuros, eis que, é o principal interessado na entrega da prestação jurisdicional. O que pode parecer rapidez pode acabar se tornando um tormento processual cheio de recursos visando o retorno dos autos ao estado anterior.

E mais, a falha no procedimento compromete o caminho já percorrido pelo processo. O erro deságua na nulidade. Para o referido vício não há remédio, a não ser o retorno ao estado anterior com a realização do ato cerceado.

O que se pretende dizer é que não adianta deixar para decidir por ocasião da sentença (como regra de julgamento), pois, a parte deve ter conhecimento do procedimento antes do início da audiência de instrução (regra de atividade), sem surpresas.

As questões controvertidas ou incontroversas, e o encargo probatório devem ser refletidos, ao nosso sentir, na audiência de instrução, sem que se contamine a aplicação da regra da distribuição do ônus da prova, ou se ofenda a imparcialidade e o princípio da persuasão racional adrede ao julgador. Não há prejulgamento, mas sim participação eficaz e efetiva dos interessados e do órgão responsável pela jurisdição.

Por outro lado, deixar que a audiência siga o seu rito normal, qual seja, primeiro o depoimento do autor, depois o depoimento do réu ou preposto, a oitiva de testemunhas, em nada contribui, na medida em que não se sabe o que se está tentando provar e por qual motivo, por exemplo. Com certeza a análise da responsabilidade probatória ficará prejudicada, como a própria objetividade. Se já houver prova técnica sequer se há um procedimento; se não houver, outro.

Todavia, a atitude do julgador deve ser clara e objetiva deixando que as partes tenham conhecimento de como ocorrerá à instrução processual. O juiz agindo dessa forma facultará aos litigantes que produzam as suas provas tendo ciência prévia da ordem seguida na apuração dos fatos.

A inversão do ônus da prova provocará no réu a obrigação de produzir prova no sentido de que o direito lhe socorre. Ao autor será facultada a contraprova. O método aplicado revela a equidade e senso de justiça na matéria processual, deixando a responsabilidade do ônus para quem realmente possui maiores e melhores condições, sem, contudo, permitir ao pretendente da tutela que fique simplesmente como assistente.

Ao deferir o pedido de inversão do ônus da prova, o juiz não exerce apenas o poder discricionário, mas sim a obrigação de prosseguir com os efeitos que as consequências causarão ao processo como um todo.

Vale ressaltar que se tratando de acidentes de trabalho, o exame pericial servirá para determinar a extensão do dano e o nexo de causalidade, bem como a incapacidade (parcial ou total — temporária ou permanente).

Na prática, o que será objeto de prova é a existência ou não de culpa no evento danoso, salvo se for aplicada a Teoria da Responsabilidade Objetiva. A inversão do ônus da prova visa facultar a demonstração "da ausência de culpa, do motivo de força maior ou da existência de culpa concorrente" (presunção *juris tantum*).

Na primeira e na segunda hipótese, não haverá dano a ser indenizado, tendo em vista a falta de um dos elementos caracterizadores da responsabilidade, qual seja, a culpa. Na terceira possibilidade aventada, culpa concorrente, caso haja deferimento do pedido, logicamente, será reduzido o valor da indenização.

10.7. SÍNTESE FINAL

A técnica permitirá ao juízo cumprir o papel jurisdicional de facultar inicialmente a produção de prova por parte daquele que está sendo demandado (sem vício ou prejuízo), ocorrendo assim a inversão do ônus da prova.

E, em se tratando de acidentes de trabalho, o empregador tem o direito de produzir provas para demonstrar que agiu de acordo com a lei, isto é, que cumpriu com as normas da segurança, higiene e medicina do trabalho.

De todo modo, a pesquisa não exclui a produção de prova no sentido de comprovar a ausência de culpa; a de força maior; ou a culpa concorrente, mas, apenas inverte a ordem procedimental (faculta a prova em sentido contrário).

O procedimento técnico em nada compromete o sistema, pois, permite ao julgador a recepção da prova, ainda na fase de instrução, não interferindo na aplicação e distribuição por ocasião da decisão.

Na prática, se o juízo colher em primeiro lugar o depoimento do autor e das testemunhas por ele arroladas, e não o inverso, deixando para apreciar a inversão do ônus da prova somente na confecção da sentença, certamente poderá conceder vantagem probatória ao causador do dano, cuja posição processual ficará mais favorável.

Destarte, o julgador estará também velando pelo cumprimento das garantias constitucionais e infraconstitucionais(102).

---

(102) MANHABUSCO, José Carlos. Compilações extraídas conforme artigo publicado no *Suplemento Trabalhista* n. 129/10 da LTr.

CONSIDERAÇÕES FINAIS

Diante do que foi exposto, pode-se concluir que o ônus da prova é um tema de inegável importância no direito processual do trabalho. Promover a inversão desse ônus diante da dificuldade de uma das partes em produzir a prova essencial ao desfecho da causa é aplicar a igualdade de oportunidades dentro do processo. Dessa forma, torna-se mais efetivo e justo o julgamento proferido pelo Estado-Juiz.

O momento da inversão torna-se imperioso, pois, em que pese a divergência doutrinária, restou claro que o julgador deve observar como regra de atividade (antes da instrução), e não como regra de julgamento (na decisão). Não se pode confundir o procedimento que se opera a inversão com o sistema de distribuição do ônus da prova como regra de julgamento.

A aplicação supletiva do Código de Defesa do Consumidor foi medida imperativa e salutar, mesmo porque, para tanto, a decisão que determinasse a inversão do ônus da prova deveria ser incondicionalmente fundamentada. Doutrina e jurisprudência já declaravam o seu incondicional apoio.

A adoção, pelos magistrados, da Teoria da Distribuição Dinâmica do Ônus da Prova faz que se leve em consideração as condições probatórias da parte que possui maior dificuldade em sua produção. Ou seja, o ônus da prova poderá recair tanto no autor como no réu. O que ensejará esse encargo será a circunstância de cada caso e a situação processual de cada uma das partes.

Nas ações de indenização decorrentes de acidente de trabalho em razão de doença de natureza ocupacional constitui valioso mecanismo o uso da Teoria de Distribuição Dinâmica do Ônus da Prova, uma vez que promove a facilitação da prova, em particular quando excessivamente difícil ou complexa e contribuindo para o acesso irrestrito à justiça.

A aplicação dos dispositivos da Consolidação das Leis Trabalhistas (art. 818) e do Código de Processo Civil de 2015 (arts. 353 e 373), com certeza combaterão o que vinha sendo praticado, que descrevia a visão estática que não condiz com os preceitos da atual sistemática do processo civil e do processo do trabalho pátrios.

Desta forma, fazendo o uso dessas regras (art. 15 do CPC/2015), a prestação jurisdicional pode produzir lídima justiça à demanda submetida à apreciação da Justiça especializada do trabalho.

Em assim sendo, a aplicação dessa teoria ao direito processual do trabalho permite ao julgador maior liberdade na condução do processo, no sentido de fazer um juízo de ponderação, levando em consideração a situação de cada parte, a peculiaridade de cada causa. Com efeito, a distribuição do ônus da prova incidirá na parte que detém melhores condições de produzi-lo.

A busca pela verdade real é o objetivo principal de todos os integrantes do processo. As partes querem ver provadas as suas alegações, e o juiz quer comprovar quem de fato é detentor do direito. Sendo assim, a produção da prova é de interesse de todos. Quem tiver melhores condições de provar fatos essenciais à solução da demanda, poderá fazê-lo, pois estará contribuindo para que seja proferida uma decisão imparcial e justa.

Assim sendo, dispondo o magistrado de mecanismos que permitam ampliar a sua discricionariedade na instrução processual, ele decidirá acerca da parte mais apta à produção probatória. As partes terão as mesmas chances.

Ocorreu significativo avanço, especialmente ao considerar as peculiaridades do caso, a decisão devidamente fundamentada, o direito real ao contraditório, a definição do ônus da prova, bem como atribuir o ônus da prova de modo diverso quando necessário.

A modificação da postura do prestador da tutela jurisdicional e dos essenciais à administração da Justiça devem seguir caminhos paralelos, mas com objetivos voltados à preservação das garantias constitucionais.

Daí, cumpre-se, então, o verdadeiro papel da Justiça: proporcionar igualdade de oportunidades de defesa, acolher a pretensão de quem de fato tem o direito e proferir julgamento correto e imparcial.

REFERÊNCIAS

A DISTRIBUIÇÃO DO ÔNUS DA PROVA E A EFETIVIDADE DA TUTELA DE DIREITOS. Thais Gutparakis de Miranda. Disponível em: <http://www.viajus.com.br/viajus.php?pagina=artigos&id=3437&idAreaSel=15&seeArt=yes>. Acesso em: 10 out. 2011.

AGUIAR, João Carlos Pestana de. *Comentários ao Código de Processo Civil*. Vol. IV. 2. ed. São Paulo: RT, 1977, p. 71.

ALMEIDA, Cleber Lúcio de. *Direito processual do trabalho*. 2. ed. São Paulo: Del Rey, 2008.

ALMEIDA, João Batista de. *A proteção jurídica do consumidor*. 2. ed. São Paulo: Saraiva, 2000.

A TEORIA DINÂMICA DE DISTRIBUIÇÃO DO ÔNUS DA PROVA NO DIREITO PROCESSUAL CIVIL BRASILEIRO. Antonio Danilo Moura de Azevedo. Disponível em: <http://www.uniube.br/publicacoes/unijus/arquivos/unijus_14.pdf>. Acesso em: 10 out. 2011.

BARATA SILVA, Carlos Alberto. Digesto de Processo. Prova/Valor da causa. Vol. 5. 1. ed. Rio de Janeiro. Editora Forense. 1988.

BEVILÁQUA, Clóvis. *Direito das obrigações*. Apresentação de Laerson Mauro — Juiz de Direito. 2. ed. Rio de Janeiro: Editora Rio, 1977.

__________. *Teoria Geral do Direito Civil*. Apresentação de Caio Mário da Silva Pereira. 2. ed. Rio de Janeiro: Editora Rio, 1975.

CARNELLUTTI, Francesco. *Lezioni di dirritto processuale civile*. v. II, *apud* MORAES FILHO, Evaristo de. *A justa causa na rescisão do contrato de trabalho*. Rio de Janeiro: Forense, 1968.

CHIOVENDA, Giuseppe. *Instituições do direito processual civil*. 3. ed. Campinas: Bookseller, 2002.

CINTRA, Carlos de Araújo; GRINOVER, Ada Pellegrini; DINAMARCO, Cândido Rangel. *Teoria geral do processo*. 20. ed. São Paulo: Malheiros, 2004.

COUTURE, Eduardo J. *Fundamentos Del Derecho Procesal Civil*. Buenos Aires, 1974: n. 153, p. 241-243.

DANTAS, San Tiago. *Programa de Direito Civil — Parte Geral*. 3ª Tiragem. Rio de Janeiro: Rio, 1979.

DINAMARCO, Cândido Rangel. *Instituições de direito processual civil*. São Paulo: Malheiros, 2001.

GOMES, Orlando. *Introdução ao Direito Civil*. Rio de Janeiro: Forense, 1957.

HIGINO NETO, Vicente. *Ônus da prova*. São Paulo: Juruá, 2010.

JÚNIOR, Humberto Theodoro. *Curso de Direito Processual Civil*. Vol. I. 19. ed. Rio de Janeiro: Forense, 1997.

LEITE, Carlos Henrique Bezerra. *Curso de direito processual do trabalho*. 8. ed. São Paulo: LTr, 2010.

LOPES, João Batista. *A prova no direito processual civil*. 2. ed. São Paulo: RT, 2002.

MACHADO JR., César P. S. *O ônus da prova no processo do trabalho*. 3. ed. São Paulo: LTr, 2001.

MANHABUSCO, Gianncarlo Camargo. *A teoria da distribuição dinâmica do ônus da prova como elemento de efetivação da igualdade processual*. Mato Grosso do Sul: LIFE Editora, 2019.

________ ; CAMARGO, Gianncarlo. *Responsabilidade civil objetiva do empregador decorrente de acidente do trabalho e do risco da atividade*. 3. ed. São Paulo: LTr, 2017.

MANHABUSCO, José Carlos. Artigo publicado no *Suplemento Trabalhista* n. 129/10 da LTr.

MARINONI, Luiz Guilherme. *Processo de conhecimento*. São Paulo: RT, 2011.

________ ; ARENHART, Sérgio Cruz. *Comentários ao Código de Processo Civil*. São Paulo: Revista dos Tribunais, 2000.

MARQUES, José Frederico. *Manual de Direito processual Civil*. Vol. II. 1. ed. Rio de Janeiro: Forense, 1958-1960.

MARTINS, Sérgio Pinto. *Direito processual do trabalho*. 25. ed. São Paulo: Atlas, 2006.

MELLO, Celso Antônio Bandeira de. *Curso de direito administrativo*. 20. ed. São Paulo: Malheiros, 2006.

MITTERMAIER, C. J. A. *Tratado da prova em matéria criminal*. Tradução brasileira. 3. ed. Rio de Janeiro, 1917.

MONTEIRO, João, *apud* Moacyr Amaral Santos. *Primeiras Linhas de Direito Processual Civil*. Vol. II. 7. ed. São Paulo: Saraiva, 1982.

MOREIRA, José Carlos Barbosa. *Novo Processo Civil Brasileiro*. 18. ed. Rio de Janeiro: Forense, 1996.

NUNES, Luiz Antonio Rizzatto. *Comentários ao Código de Defesa do Consumidor.* São Paulo: Saraiva, 2000.

PAULA, Alexandre. *Código de Processo Civil anotado*. 7. ed. São Paulo: RT, 1998.

PAULA, Carlos Alberto Reis de. *A especificidade do ônus da prova no processo do trabalho*. 2. ed. São Paulo: LTr, 2010.

RODRIGUES, Marcelo Abelha. *Manual de direito processual civil*. 4. ed. São Paulo: Revista dos Tribunais, 2008.

SARAIVA, Renato. *Curso de direito processual do trabalho*. 5. ed. São Paulo: Método, 2008.

________. *Processo do trabalho*. 4. ed. São Paulo: Método, 2008.

SCHIAVI, Mauro. *Manual de direito processual do trabalho*. 2. ed. São Paulo: LTr, 2008.

SENTENÇA APLICANDO A TEORIA DAS CARGAS PROCESSUAIS DINÂMICAS. Marcelo Pimentel Bertasso. Disponível em: <http://mpbertasso.wordpress.com/2009.9.29/sentenca--aplicando-a-teoria-das-cargas-processuais-dinamicas/>. Acesso em: 10 out. 2011.

SILVA, De Plácido e, *Vocabulário Jurídico*. Vol. III. 6. ed. Rio de Janeiro: Forense, 1080, p. 1253.

TEIXEIRA FILHO, Manoel Antonio. *A prova no processo do trabalho*. 8. ed. São Paulo: LTr, 2003.

WAMBIER, Teresa Arruda Alvim. O ônus da prova. *Revista Jurídica Consulex*. Brasília, n. 200, maio 2005.

WHITE, Inês Lépori. *Cargas probatórias dinâmicas*. In: Peryano, Jorge W. (Coord.). Cargas probatórias dinâmicas.